Mangla kala
Khamashung eina Khokharum

Manglawui Khokharum

Dr. Jaerock Lee

"Khamashung-khangarong eina khokharum bingna Avava chili mangla kala khamashung-khangarong eina khorumki kaji atam chi rarali, chi arui hina. Avavana ali khorum ngasak khangaibing chi hikathabing lina. Vare hiya Manglana, chieina ali khokharum bingna mangla kala khamashung-khangarong eina khorumphalungra."

(John 4:23-24)

Mangla kala Khamashung eina Khokharum by Dr. Jaerock Lee
Published by Urim Books (Representative: Johnny. H. Kim)
235-3, Guro-dong 3, Guro-gu, Seoul, Korea
www.urimbooks.com

All rights reserved. This book or parts thereof may not be reproduced in any form, stored in a retrieval system, or transmitted in any form or by any means, electronic, mechanical, photocopying, recording or otherwise, without prior written permission of the publisher.

Unless otherwise noted, all Scripture quotations are taken from the Holy Bible, NEW AMERICAN STANDARD BIBLE, ®, Copyright © 1960, 1962, 1963, 1968, 1971, 1972, 1973, 1975, 1977, 1995 by The Lockman Foundation. Used by permission.

Copyright © 2012 by Dr. Jaerock Lee
ISBN: 979-11-263-1295-5 03230
Translation Copyright © 2012 by Dr. Esther K. Chung. Used by permission.

First Published November 2012

Previously published into Korean in 1992 by Urim Books in Seoul, Korea

Edited by Dr. Geumsun Vin
Designed by Editorial Bureau of Urim Books
For more information contact: urimbook@hotmail.com

Maiyan

Isreal lamhangli Acacia thingrong kachungkha khara. Thingrong hiwui angayung hina ngalei alungli feet shakha shikha zangda ngaleiwui tara chi ngazimda kakharna. Thingrong hi meithing sakhavai mang maningla makanglak haoda ot kasali shichinvai.

Ningkhami oko chi Acacia thing eina semkhuida sina teihailaga katharawui kathara apamli hailu da Varena kasoi. Kaja chi Varewui apamna kala pangmong mangna zangkapaina. Hithada ithumwui mirinwui angayung hi Varewui tui chili zangshungda leikha Varena saklak eina khuimida sokhami kachungkha samphangra.

Hiwui maramli Jeremiah 17:8li kapihai, "Tara pamli lingsang kahaiya kongrara zimkakhui samkaphanga, ana timshon timthaida kasali makhangache, Kazing kanglala makhanganga, kha athei matheiching kaji thingrong kathana." Tara kaji hi Varewui tuili kahangna, kala hikatha mi hiya Varewui tui chili poktita Ali khorum chinga.

Khokharum kaji hi Vareli khaya kashi kachitheina. Hithada Vareshi bingna khorumda khalei hi Vareli khaya kashi kasana. Old Testamentwui eina haophokta aja rashungda Varena ithumli mangla eina khamashung alungli khorum ngasakngai chinga.

Old Testamentwui Pangmonshi lairikli khokharumwui maramli mathalak eina kapi kahaina. Mi kaikhana Pangmonshi lairik hi kachikatwui maram ngasa haida aruihon atamli makana mana da hanga. Hi mamashung mana kaja aruihon ithumwui atamli theida khalei khokharumwui maram hi lairik chiwui eina kakhuina. Old Testament kala New Testamentwui atam lila khokharum kaji hi Vareli samphang khavai shongfana. Old Testament atamli achuk kapei ot kachikat chi New Testament atamli mangla kala khamashung apongli khokharumwui kakhalat ngasai.

Lairik chili mi akhawui maramli morei pheomi khavai athei arei kala khikha kachikatwui maramli mathalak eina kapiser hai. New Testament atamwui khokharum kaji hi chiwui eina kharana. Hithada lairik chili Tabernacleli khalei katharawui kathara kala kachikatwui ain bing chi kathei eina lairik hi kapa bingna khokharumwui maramli mathada theishapra.

"Nathum tharlu, khikhala jila I katharana" da Varena hanga (Pangmonshi 11:45; 1 Peter 1:16) kala Pangmonshi lairikli kapi kahai maram bing chi ithumli mathada theingasakngai. Hithada nathumna lairik chi pakha Old Testamentwui kachikat maram chi theishapra. Hiwui managa eina nathumna Vareli mangla kala khamashung eina khorum shapra.

Solomonna thing thing kachikatwui ot sada sokhami kachungkha samkaphang thada lairik hi kapa mi kachivana Vareli mangla eina khamashung apongli khorumda kongpheili kharda athei kachungkha khamathei thing thada sokhami kachungkha samkaphanga mi ngasa ranu da ina Proho Jesu Christawui mingli seiha sai!

February 2010
Dr. Jaerock Lee

Content

Mangla kala Khamashung eina Khokharum

Maiyan

Chapta 1
Varena Khuikhami Manglawui Khokharum   1

Chapta 2
Pangmonshi Lairikli Kapi kahai Old Testamentwui Kachikat Maram   17

Chapta 3
Rikata Kachikat   43

Chapta 4
Theishirai Kachikat   67

Chapter 5
Ningyatchikat   83

Chapter 6
Morei Kasawui Kachikat   95

Chapter 7
Khayonshar Kachikat   111

Chapter 8
Phasa kala Kathara Kachikat   123

Chapter 1

Varena Khuikhami Manglawui Khokharum

"Vare hiya Manglana, chieina ali khokharumbingna mangla kala khamashung-khangarong eina khorumphalungra"

John 4:24

1. Old Testament Atamli Kachikat kala New Testament Atamli Khokharum

Haokaphok liya Adamna Vareli chan ngazekpia sai. Satanna suida morei sakahai einava Vare eina Adamwui khangasik chi kaihaowa. Kha Adam kala awui naothot bingli huikhami samphang khavai Varena apong akha ngaranmi hai. Hina maram sada Old Testamenwui atamli kachikatwui ayur bing chi mathada kapimi kahaina.

Old Testamenwui atamli kachikat ot kasa chi mikumona phakashok maningmana. Varena chithei mida sakhangasakna. Hi ithumna Pangmonshi 1:1wui eina samphanga, "Kazip khavai Kachonshim chiwui eina Varena Mosesli hokhuida hanga..." Kachikatwui ot kasa hi ithumna Adamwui nao Abel kala Cain aniwui eina kathei samphangda lei (Haokaphok 4:2-4).

Kachikat ayur kachivawui ain lei. Ayur bing chiya rikata kachikat, ma kachikat, ningyat kachikat, morei kasawui kachikat, kala khayon sakahaiwui kachikat bing hina. Morei chiwui athishurda seiva, meva, yao, khuna kala athei arei hikatha hi chikata. Kachikat ot hi ning kathar, ningkhamiwui kachon khangavai kala chiwui ain kathei Pangmon bingn sai. Hikatha kachikat ot kasa hi pailak eina masapai mana.

Old Testamentwui atamli mi akhana morei sahaikha kachikat ot sada chiwui ashee manga mang eina tharkhamina.

Kha hikatha kachikatwui ot hi atam hunakhawui vang mang ngasasai. Mapung kapha tharkhami kachi hiya mikumo akhawui mirin chikat khamili lei.

1 Corinthian 15:21li hanga, "Mi akhawui eina kathi kaho hi shoka, chithada sada ringkhalui hila mi akhawui einana." Hina maram sada Varewui Nao Mayara Jesu Christana okathuili rada morei masalak lala ana krush tungli thikhamina. Jesuna sakhashili awui mirin chikatmi haoda (Hebrew 9:28), ara asheewui kachikat ot hi maleilui mana.

Hebrew 9:11-12li "Kha hili khamatha ot leiping kahai chiwui vang Christana Pangmon Kharei sada ramihaira. Ana otram ngatha khavai hakhameiya shim chi mina sakakhui kachonshim maningmana, sakahai okathuiwui akai maningmana. Ithum saikorawui vang Tharmathengmeikap kaji Pamli Christana akhashida kazang chitharan, phaphaya khavai meshee, seishee, makhuizangmana, kha khalatawui ashee khuizangda katang makhavai ngatangkhami samphanga" da kapi kahai thala Jesuna katang makhavaiwui ngatang khami hi sami kahaina.

Ara Jesu Christawui manga eina kachikat ot maleiluila ithumna Varewui mangali zangpai. Hi New Testament atamwui khokharumwui kakhalatna. Jesuna moreiwui vang krush tungli ashee tamida thimi haoda (Hebrew 10:11-12) ithumna chili shitsangkha morei pheomira. Hi khangacha thada saki kaji maningmana, kha wuklungwui shitkasang eina shoki kajina.

Hili kharinga kala kathara ot kasa maningkha khokharum hoi (Roman 12:1).

Hiwui kakhalatva Old Testament atamwui kachikat chi maleilui mana kaji maningmana. China New Testamentwui akalana. Kala china New Testament atamwui ainli mapung phangasaka. Laga New Testamentwui atam liya chiwui ain chi khokharumwui apongla ngasai. Varena Old Testamentwui atamli achuk kapei sawui kachikat ningkachang thada New Testamentwui atam liya mangla eina khamashungwui khokharum hina ningyang ungasaka. Kachikatwui ot chi thada khangacha eina mayon khangasak maningla china manglawui khamataiya maram chitheimi.

Rimeithuida khongnai akhali makapha sakahai tharan chiwui shongranwui mahut sada Vareshi bingna pheomi khavaiwui apong chi phaphalungra. Hithada ithumna kachikatwui ot sada Vareli ningyang ungkhangasak tharan ithumwui khayon khamang kala morei chi pheomira. Old Testament atamwui kachikat maram chi New Testament atam liya khokharumwui khamataiya kakhalat ngasai. Chiwui ain chi chapter threeli mathameida meikhaida lei.

2. Mangla eina Khamashungli Khokharum

John 4:23-24 Jesuna hanga, "Khamashung-khangarong eina khokharumbingna Avava chili mangla kala khamashung-khangarong eina khorumki kaji atam chi rarali, chi arui hina. Avavana ali khorum ngasak khangaibing chi hikathabing lina. Vare hiya Manglana, chieina ali khokharumbingna mangla kala khamashung-khangarong eina khorumphalungra." Hi Samariawui keinung Sychar kaho apamwui rakhongli Jesuna shanao akha lila hangkahaina. Tarawui chanjam eina khararchan kasa Jesuli shanao china khokharumwui apam ngahana (John 4:19-20).

Jehudi bingna Jerusalemwui Templeli kachikatwui ot sai, kha Samariawui mina Gerizim kaphungli sai. Hi Solomonwui Nao mayara Rehoboamna mungda leilakha ngalei chi akai khani shokta Templela khani leihaowa. Shanao china hiwui maram theihaoda khokharumwui apam chi khangahana.

Israelnao bingwui vanga khorum khavai apam hi khamataiyana. Kaja chi mangli Vareli samphangpai haokida apam china apuk apakawui alungthungna da khuiya. Kha Jesuwui atam liya apam china maningla mi akhana kathada Vareli khorum khala kaji hina khamataiya ngasai.

Mangla eina khamashungli khokharum kaji hi khikhala? Mangla eina khokharum kaji hiwui kakhalata Biblewui lairik 66 chi Manglana kasakhami Varewui tui tuina da khuilaga khokharum kajina. Khamashung eina khokharum kaji hina wuklung ning tongda ning kathar eina kala khamathan eina mosochikata khokharum kajina. Varena khuisang kapai khokharum kaji hiya ithumna mili kayakha ngachonmi khala kaji hina maningmana. Kha wuklung eina Vareli khokharum hina. Miwui mangali phakakhaning hiwui kasa khava hiya Varena makhuimi mara.

3. Varena Khuisang kapai Khokharum

Ain katonga Jesuna ungshung ngasak kahai atamli okthuida khalei ithuma mapung kapha ena Vareli khorum phalungra. Kaja ain saikorawui mahut sada leikashi hi Jesuna ithumli mikahaina. Chi eina khokharum hi Vareli leikashi phongkashok ngasa phalungra. Mi kaikhana khamor mang eina hangphata Vareli khoruma. Kha otsak mangayurkha chili ningmaong kapai lei.

Ithumna officer akhali samkaphang tharan sari mang maningla wuklung ningla tharmei. Kala ali khikha ot akha khami tharan mathameithui kajipa chi kapangkhuida mi. Hithada Vare hiya apuk apaka kasa akhava ngasa haida wuklung ning tongda khaya kashi eina khorum phalungra. Laga Ali mangla kala khamashung eina khorumsa chikha ning yaoya machipailak mana. Kala thuikahai mirinli ithumna makapha mirinli okthui kasa leikha ningatei khuilaga khorumki kajina.

1) Meeting Kaka Mahuipai mana.

Khokharumli ithumna saki kaji ot katonga zangasak phalungra. Kaja Vare hiya pangshapana. Chi wui vang eina khokharumli khi khikhana masheikhaut ngasakpai mana. Meeting kaka hiya tuingashit kasawui apong ngasa haida atam chalak eina kaserlaga khorum phalungra. Awunga, president maningkha prime minister akhali samphangsa chikha ithumna rida valaga ngarai kapamna. Thakha khamunga Vareli samphangsa kajili ithumna kathada huipaira khala?

2) Varewui Tui Chili Ningsangda Ngana phalungra.

Yao kahoma akha hiya Varena thao neokahai minister akhana; a hiya Old Testamentwui pangmon akhali ngaraiya. Hithada kathara hangphutli nganingda yao kahoma akhana pao hakashok kaji hiya mi bingli kazingramwui shongfa thankhamina. Chiwui vang eina yao kahoma akhali mashit kasang kaji hiya Vareli ngakai kasha ngasai.

Shongza 16:8li mi bingna Mosesli mashit kasang chi Vareli ngakashi kashina da kapihai. 1 Samuel 8:4-9 wui athishurda mi bingna Samuel maranli makhamaya chi Vareli makhamayana dala hanga. Hithada yao kahoma akhana pao hashokta leilaga nathumna ning makasang chi Vareli mashitkasang phongkashokna. Meeting alungli shingut kapam hila Vareli mashit kasang apong akha kachitheina. President akhana meeting ngahotlaga minister akhana shingutpam haikha khina da khuira khala? Hithada Vareshimli shingut kapam kaji hi Vare mangli maningla mi bing lila mautkashi phongkashokna.

Mangla mazangla Vareli makhorumpai mana. Kaja khamathan kala ningkashi eina khorum phalungra. Chi wui vang eina meeting kada Vareli khokharum kaji hiya huikhami kala Varewui leikashi sharuk samkaphang ngasa haida ithumna ning sanglak eina saphalungra. Mi akhana seiha sada leilakha masheikhautpai mana. Mi akhali meisa eina khararchan sakapam thada Vareli meisa eina chan ngazeki kajina.

3) Meeting Kakali Zam Mangda Makapai mana kala Meikhari Masheipai mana.

Vareshi sathathar kaji mi akhana zam kala meikhari mangapakrar lala Varena saklak eina makhuimi mana. Kha baptized sada churchwui ot kasa mi akhana zam mangpam kala meikhari sheipam chihaikha Vareli mautkashi kachitheina.

Vareshi makhaning bing nala churchli zam mangda kaka kala chili meikhari kashei kapam kaji hi mamashung mana da hangshapa. Meikhari kashei hina cancer ayur kachungkha kaza ngasaka kala zam khamang kaji hina achei arei mang maningla phasala saza ngasaka. Zam khamang kala meikhari kashei mi akhana Varewui mangali kathada ning mashungda okthui paira khala? Chi wui vang eina nathumna khamashung eina shitsang kachang khatkha hikatha ot masa phalung mara. Shitsang thathar kaji mi akhana makapha mirinli maokthuilui mara kaji hi Varewui miktali khamashung otna.

4) **Khokharumwui Ringkapha chi Mashiman ngasakpai mana.**
Vareshim hiya kathara, seiha sakhavai kala masot mikhavai apamna. Chi wui vang eina naongara bingna churchli khon kazar kaji hi yarui mangli sheikakhaut maningla Varewui miktali mamashung mana.
Kala church alungli khi khikha khararchan sakapam hila mamashung mana. Chewing gum kashei, akhon kashok kala servicewui alungli ayar kashok kaji hi mamashung mana. Kuihon kasang, T. shirt khangavai, maningkha atamwui zatkhana da kashan kachon khangavai hikatha hina servicewui khalum chi shiman ngasaka. Hithada mikna kathei ot bing hina wuklungli hapkakhano mi. Hithada ithumna sari sakazakta Vareshimli kada khorum phalungra.
Varena ithumli khi sangasakngai khala kaji theida ithumna Ali khorumkha khuisang mira. Hithada ithumna mangla kala khamashung eina khokharum tharan Awui kathuka maram chi theingasakta hakhamaha sokhami chi ithumna samphang paira.

4. Mangla kala Khamashung eina Khokharumwui Mirin

Vareli mangla eina khamashungli khorumkha Ana ithumwui mirin dharngasak mira. Hithada mi kachivana mangla kala khamashung eina khorum ngasakngai. Thakha tihumwui acham aram kathada sara khala?

1) Atam kachivali ithumna ringpha phalungra.

Kapha atam mangli maningla kachot kachang atam lila ringkapha kaji hi khamashungna. Ithumwui huikhame Jesu Christana ithumwui khonshat katonga phungmi haida atam kachivali ringphathei phalungra.

Ithum shimanuki kaji atamli Jesuna ashee shokta ngatang khuimi. Ana ithumwui kachot kachang phungmida chara talaga thimi. Langmeida ana kathi chili yuikhuida ringshoklui. Kala chiwui eina ithumli kazingramwui katang makhavai kachihan leingasaka.

Chi wui vang eina ithumna wuk khanangda okthuiki kaji maram maleimana. Ithumna kashak kaza zakhavai malei lala thikahaiwui thili mirin leilui haoda ringphalak eina okthui phalungra. Hithada ithumna Vareli ngavapta leilaga eina tangda ringpha ching shapa. Ithumwui wuklungli ringkaphana pemhaikha sokhamila leipapam haora.

2) Mathahai lakla seiha saphalungra.

Seiha sachingshap khavaiwui apong kathum lei. Rimeithuida khangacha sangasak phalungra. Jesu eina tangda awui ministry peida seiha sazata. Danielna thangkachida kathumshi seiha sai; Peter kala sakhangatha katei bingla seiha sachinga. Ithumla Manhgla Katharawui thao chi neomi khavai seiha saching phalungra. Hithada Varewui tui chi phap tashapta Awui ot kasali pangshap samphangra. Mathangli atam makak-hai lala seiha kasa hi leiphalungra. Kali likha khavali Mangla Katharana seiha sangasak khangai atam lei. Mi kaikhana seiha kasa manga eina kachot kachang kala accident katha masaphang mana kaji ithumna shachingda lei.

Khanaowali seiha saching kajiwui kakhalatva Varewui tui chili shaida okathui kaji hina. Khi khikha salala kala apam kali likha valala Varewui tui hiya mamalai pailak mana.

Seiha kasa kaji hi manglawui khaksui kathana. Khaksui masuikha phasa thikahai thada seiha masathukha manglala thihaora. Mathahai lakla seiha kasa kaji hi atam kala apam akhali seiha sakapam chimangli maningla atam kachivali Varewui tui athishurda kharingli kahangna. Hithada Varewui tui china ithumwui wuklungli leihaikha atam kachivali Mangla Katharana thanda khamahai mirinli kharing samphangra.

'Pharifalu kazing wungram kala khamashung khangarong' da Bibleli hangkahai thada mi akhana seiha kasali khalatawui vang mapo haila kazing wungramwui vang seiha sakha Varena kachungkha somira. Kha kachot kachang atam mangli seiha kasa mi leida lei; chingri kahai atam liva seiha sara kaji maphaning mana. Kaikhana Mangla Katharana pemda leilaga eina tangda seiha salaga Āmaleithura chikha ngasam kahaila shokta lei. Kha ithuma atam kachivali seiha salaga Vareli ningyang ungasaki kajina. Mili makapha tui matuizatlaga khamashung eina seiha sara kaji hi saklaka. Hithada shitkasanga mi akhana matui phapha machi phalung mara; matui phapha kaji hi Vareli leikashi khavatna. Kala seiha kasali mathuk thukha nathum kathada okthuili khala kaji ngashan phalungra.

Mi akhawui wuklungli khamathan leihaikha seihala sapailaka, kala Mangla Katharala puitaida thukmeida poshapa. Seiha masangai mana kaji ningaila marapei mana. Kachot kachang samphang khaleoda Vareli ngakaongai meira. Hithada awui shitkasang chi rarsang mamana.

Ithumna kathuka wuklung wui eina Vareli ngakao pamkha chiwui athei chi hatra. Hithada khi khikha kasui ralala seiha saki kajina. Thukmeida seiha sada leilaga eina tangda ithumwui shitkasangla mataisangda mi katei lila sokhami ngasara. Chi wui vang eina ithumna mathahai lakla seiha sada chiwui athei chi hatkhui phalungsa.

3) Apong kachivali ningkashi miphalungra.

Khiwui vang eina nathumna ningshira khala? Matailak eina thiukida leikasawui eina ithumli kanmida kazingram ngaran khamiwui vang ningshira. Kala thang thangwui kashak kaza ngaran mida phasa kapha khamiwui vang ningshira. Langmeida khi khikha kachot kachang ralala Vareli shitsang khangasakwui vang ningshira.
Varena atam kachivali ithumli yangmida seiha ngana kapamna. Hithada kachot kachang samphang lala ithumna khanao eina tangda Vareli shitsang shapkha khayuiya mirin chi samphangra.

Ithumna Proho mingwui vang kachot kachang phunglala maningkha khikha akha sayon kahaiwui tandi samphang haora chilala Vareli ningkashi leiphalungra.

Ithumna kalakashi samphang lala pangshap sangmi kashap Vareli ningshithei phalungra. Kachotkachang kachungkha leida maphungrarthu lala ithumwui shitkasangva Vareli leihaoda ningshithei phalungra. Hithada ithumna shitkasang eina Vareli ningkashi tharan Varena kapha ot samida kachot kachang saikora chi sokhami ngasara.

Atam kachivali mathan kashap, seiha kasa kala ningshi

kathei kaji hi mi akhawui shitkasangwui athishurda sakashapna. Kachot kachangwui alungli mathanshapta ningshithei haikha khamathanwui atheichi matheida ringkapha mirin ngasara. Seiha sakha chiwui atheila hatpapamra.

Chi wui vang eina 1 Thessalonian 5:16-18li hangkahai thada Varena khuisang kapaiwui mirinli ringda ithumna atam kachivali mathan chingsa, seiha sachingsa kala ningshi chingsa. Hithada nathumna phasa kala manglawui khani niwui sokhami chi samphang chaora.

Chapter 2

Pangmonshi Lairikli Kapi kahai Old Testamentwui Kachikat Maram

"Mosesli Prohona Tabernaclewui eina hoshokta hanga, Israelnaobingli hithada hanglu kaja, kachikathana Proholi chikatra jiakha seila, mela, yaola khuira ranu"

Pangmonshi 1:1-2

1. Pangmonshiwui Khamataiya

Biblewui ngachaili Old Testamenwui pangmonshi eina New Testamentwui Phongkhami lairik khani hi sakmei kapa da hangaroka. Chiwui vang eina 'Pangmonshi hi atam akhawui ainwui maramna aruihon mazatnapai mana' chida mapa ngarok mana. Hi makana mana chikha Old Testamentwui maramli kapi kahai lairik bing chila makana mana da hangpai. Biblewui tui saikora hi kanaser haoda Varena Bible kapishok khangasakna (Matthew 5:17-19).

Old Testamentwui kachikatwui ain bing chi New Testamentwui atamli khikha masakhavai maningmana. Chiwui ain bing chi Jesuna ungshung khangasakna. Chiwui atamli leikasa kachikatwui maram chi aruihon atamwui vanga khokharumwui khamataiya kakhalatna. Hithada chiwui ain bing chi ithumna mathada phap tashap haikha Vareli samphangda sokhami ngasara kala Ali khamashung eina khorum shapra.

Pangmonshiwui lairik chi aruihon atamwui vang khokharum maramli kapi kahai khamataiya Varewui tuina. Chi wui vang 1 Peter 2:5 hanga, "Nathum khalata kharinga lunggui ngasada manglawui shim sakalu. Kathara pangmon ngasa khavai Jesu Christawui manga eiana Varena khuisangkapai manglawui hanphut chikatlu." Old Testamentwui atamli Pangmonna Vareli samkaphang thada Jesuwui manga eina huikhami samphang kahai saikorana Vareli samphangpai.

Pangmonshi lairik hi akhum khani shoka. Kharepa china morei pheokhami maramli kapi kahai ain bingna. Kala chili Vare eina mikumowui ngachaili kachikat ot sakhami pangmon bingwui saran otwui maramla kapihai. Kakhane akhum chili Varena kapangkhui kahai kathara yurva morei masapailak mana chidala kapihai. Kasha tui eina hangsa chikha Vareli kathada ngasikra khala kajiwui maramli kakapi lairikna.

Lairik chili kachikatwui ain bing china ithumna kathada Vareli khorumra khala kajiwui maramli hangmi. Meeting kalaga Vareli samkaphang eina ithumna sokhami samkaphang thada Old Testament atam lila kachikatwui manga eina morei pheomida Varewui apong chi theisai. Kha Jesuwui atam liva Mangla Katharana ithumli ngayin haoda Vareli pailak eina khangasik khuipai haowa.

Hebrew 10:1li hanga, "Ain hiya akachanga chiwui kakashung kala khangazip maong maningmana, hiya raki kaji khamatha otbing chiwui akalana. Katang mavaila kumshirinda phakaphaya chi rachikatchinga, chithakha hithada kachikatwui vang ainna kathada Vareli zangkida kharabingli kashung ngasakpairakhala?" Khikha ot akha leikha akalala tapapama. Hithada Old Testamentwui atamli kachikat ot kasa manga eina Vareli khangasik kakhui chi aruihon atamli Vareli khokharumwui akalana. Varewui ningkachang ain athishurda kachikat ot sara, khalatawui ningna kasa hi makhuisangmi mana. Hi Haokaphok 4li Abelna kachikat ot Varena khuimi kala Cainwui kachikat Varena makhuimi mana kaji kapihai. H i t h a d a Varena ningyang khaung khokharumwui ain lei; chili makan haikha Varena makhuimi mara. Hithada Pangmonshi lairikli kapi kahai ain bing chi aruihon atamli Varena ningyang ungkapai khokharumwui maramna.

2. Varena Mosesli kazip khavai kachonshim chiwui eina hokakhui

Pangmonshi 1:1li kapihai, "Mosesli Prohona Tabernaclewui eina hoshokta hanga." Kachonshim hi Israelnao bingna lamhangli pamzata leilakha ngayin kazat shimna; atam chitharan Varena Mosesli hoshoka. Kala kachonshim chi tabercaclewui katharawui kathara apam chili theivai (Shongza 30:18, 30:20, 39:32, kala 40:2). Langmeida china Tabernacle katongali theivaiya (Mishan 4:31, 8:24).

Israelnao bingna Canaan ngalei vakhavai kazatli atam kasangkha lamhangli pamzata. Hithada hongung hongva haida Vareli kachikat ot sakhavai shim chi kachonshim eina kasana. Hina maram sada temple chili tabernacle kahona

Shongza 35-39li Tabernaclewui maramli kapihai. Temple chi kathada sakara khala kaji Varena Mosesli mathalak eina hangmi. Chiwui machak bing chi Mosesna yaruili kahang tharan athumna sina, kori, aman kasak ngalung kala yao eina sa kateiwui ahui bing chi khuira sera (Shongza 36:5-7). Hithada mi bingna shailamlak eina ot mida Tabernacle chi sakai. Hithada lamhangli hunakha ngayin kazatna chilala aman kachungkha zangda Temple chi saka haowa. Lamhang chili shimla maleithuda lui vada lan kazip kasang kajila malei mana. Kha Varena athumli ngoszatra kajiwui tuingashit leihaoda athumna ringphalak eina zatshapa.

Kha mirao sakazatwui eina ningkhan samkaphang kaji hina khamataiya sada athumwui ningli leishona. Hithada athumna Egypt ngalei chiwui eina shokhaira kaji eina Vare ngayin khavai shim chi saka ngasaka. Hina Israelnao bingwui vang Vareli shitkasangwui shimphun chi ngasai.

Tabernacle khamong zangkhaleoda yarui pamkhavai lei kala chiwui eina katharawui kathara apam chi lei. Hina tharmeikap kaji apamna. Chili ningkhamiwui Oko haida Vare rangayin khavai apamna da yaruina theivai. Chiya kathara apam ngasahaida pangmon eina tangda zingkumkhali akhashimang kachikatwui ot sakhavai kazangna. Khangacha mi akhana chili mazangpai mana. Hiwui kakhalata morei kaphunga mi akhana

Varewui mangali mavapai mana kajina.

Kha Jesuwui manga eina ithum saikora Varewui mangali vapai haowa. Matthew 27:50-51li kapihai, "Jesuna panglak eina ringaluishitta amangla chihohaowa. Chiwui thili Vareshimwui kachon rankahai chi ato eina thuilaga aze tashungda akai khani sahaowa. Okathuila nganuka, kala lungharbingla ngawokhai. Hithada Jesuna morei pamwui eina ithumli kanmi khavai krush tungli thikhami tharan katharawui kathara apamli rankahai chonran chi akai khani shokta kak-haowa.

Hiwui maramli Hebrew 10:19-20li hanga, "Chiwui vang eina ivanaongara, Jesuna thimi kahaiwui vang Tharmathengmeikap kaji Pamli ithumla zangpaihaira. Rankham kahai kachonchiya aphasawui manga eina ithumwui vang kadhara kala kharinga shongfa ana shomihaira." Jesuna krush tungli kathi tharan chonran chi kak- haowa; hiwui kakhalatva phaklang kathawui morei chi sakhaimi haira kajina. Ara Jesuli shitkasang mi kachivali morei pheomida athumna Vareli samphang paira. Atam akhali pangmon mangna ithumwui mahut sada Vareli chan ngazek kasana, kha aruiva chi maleilui mana.

3. Kazip khavai Kachonshim chiwui Khamataiya

Aruihon atamli kachonshim china khi chithei khala? Chi aruihon ithumwui churchli kahangna, kathara shim chi ithumwui phasana kala katharawui kathara apam chi wuklungli kahangna. 1 Corinthians 6:19li hanga, "Nathunwui phasa hi Varena khami Mangla Kathara nawui wuklungli pamkhavai Vareshim kathana da nathum matheimala? Nathum hi nathum khalatawui maningmana kha Varewuina." Ithumna Jesuli huikhame sada khuisang kahaiwui thili Varena lemmet sada Mangla Kathara chi mi. Hithada Ana ngayin haoda ithumwui phasa hi kathara apam ngasa kahaina.

1 Corinthian 3:16-17 lila hithada kapihai, "Nathum Vareshimna kala Varewui Mangla nathumwuili lei kaji matheimala? Kachikatha akhana vareshim shiman ngasakakha Varena ali shiman ngasakra. Kaja vareshim chiya katharana kala awui vareshim chi nathumna." Ithumna Temple chi tharlak eina kahai thada ithumwui phasa hila tharngasak phalungra. Kaja phasa hi Mangla ngayin khavai shimna.

Varewui shim sakakhayang bingli Varena athum lila shiman ngasakra da kapihai. Varewui naona chilaga awui phasa chi samakhaoda leikha huikhami masamphang mara. Ithumna wuklung ning kathar eina kharing atam tharan Mangla Katharana ithumli ngayinki kajina.

Hithada Varena kachonshim chiwui eina Mosesli hokakhuiwui kakhalatva ithum saikora lila Mangla Katharana hoda lei da kachitheina. Huikhami samphang kahai Varewui naongara bingna Vareli khangasik khalei hi khangachana. Athumna mangla eina khamashung apongli Vareli khorumda khangasik leishon leithai phalungra. Old Testamentwui atam liya moreina maram sada mi bingna Vareli khangasik maleipaisa mana. Pangmong mangna mikumowui mahut sada morei pheomi khavai Vareli kachikatwui ot sangasak kasana. Aruihon atam liya mi kachivana Vareli seihala sashapta khangasik chi sakhuipai. Hi Jesuna morei pamwui eina ithumli kankhuimi haida kajina. Ithumna Jesuli khuisang kahai tharan Mangla Kathara ithumwui phasali rangayina. Chiwui eina khamashung mirinli ringkhavai Mangla Katharana ithumli thanmi. Mangla Katharawui akhon shashap khavai ithumwui morei tharhai phalungra. Chiwui eina ithumna phasa kala manglawui mirinli sokhami samphangda okthui shapra.

4. Kazip khavaiKachonshim chiwui Asan Arek

Kachon shim chi saklak eina masahai mana. Gate chiwui asan chi meter chikona (about 29.5 feet); chi Tabernaclewui zingsho shongli lei. Shim chili zangkhaleoda gori eina sakahai rikata hangphut chi kathei samphangra. Kala chiwui eina khongsai khalei chi theira, kala kha vameilaga katharawui kathara apam chi leira. Tabernacle alungli khalei yarui pamkhavai kala katharawui kathara apam chiwui kapak chi meter mati tangkhaina (about 14.7 feet), asanna meter 13.5 (about 44.3 feet) na, kala meter mati tangkhai (about 14.7 feet) chuiya. Shim chiwui foundation chi silver eina sai, pakra bing chi acacia thing eina sada sinana romphin hai, kala shimtungli aphor mati eina chonranna fakhama. Cherubim chi kahathing eina rimeithuida saphina, kakhaneli mehwui ahana sai, kakathumali sahuina romphin hai.

Yarui pamkhavai eina katharawui kathara apam chi cherubim eina ngasoda chonran ranhai. Yarui pamkhavai chi katharawui kathara apam kahak khani rikha kai. Yarui pamkhavai chili khamuishaikhavai table lei, thaomei hai khavaila lei, kala nganam kapha thotkhavaila lei. Saikora chi sinana kasana. Katharawui kathara apam chili tuingashitwui Oka hai.

Shamlak eina hangsa. Khareli katharawui kathara apam chili tuingashitwui (ningkhami) Oko hai kala lukhmashanwui pamkhongla chili lei. Chili yaruiwui mahut sada zingkum akhali pangmonna zangda phaphayalaga lukhamashan pamkhong chili ashee chairora. Katharawui kathara apam chi sina mangna decorate sai. Oka chili Ningkhami Thara kapi kahai lungphek khani, manna sangkhavai ham akha, kala Aaronna kasing khamshui sanghai.

Yarui pamkhavai chili nganam kapha anganam rikhavai

Mi Samphang khavai Shim

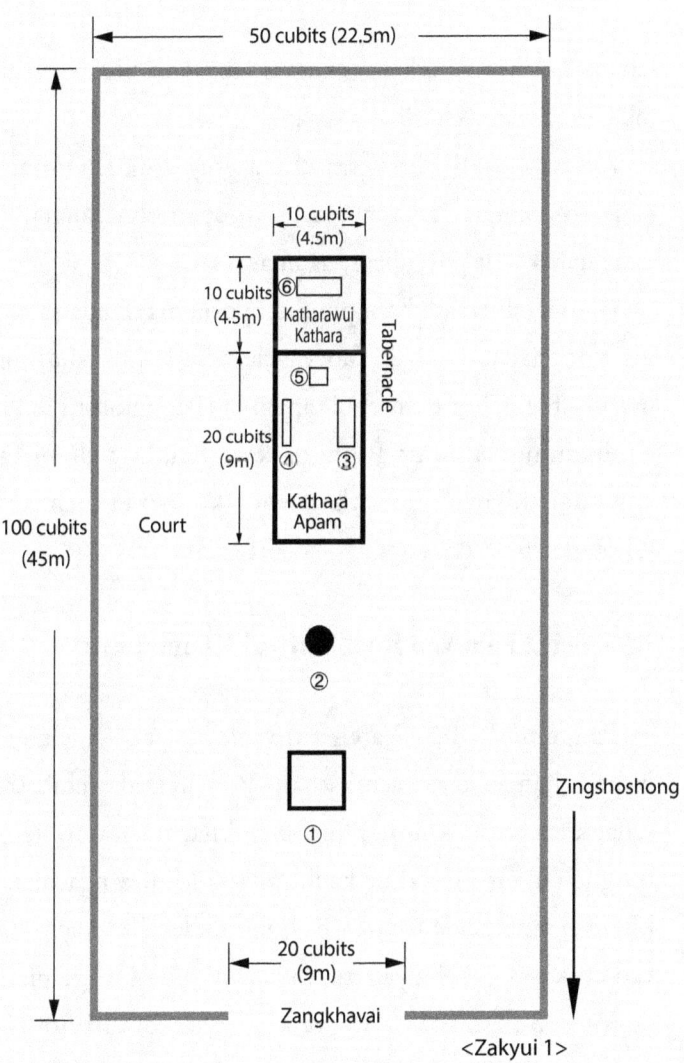

Asan Arek
Courts: 100 x 50 x 5 cubits
Zangkhavai: 20 x 5 cubits
Tabernacle: 30 x 10 x 10 cubits
Kathara Apam: 20 x 10 x 10 cubits
Katharawui Kathara: 10 x 10 x 10 cubits
(* 1 cubit = approximately 17.7 inches)

Khorkhong bing
1) Rikata Kachikatwui Hangphut
2) Khongsai
3) Khamui Haikhavai Table
4) Sina Thaomei Haikhavai
5) Nganamwui Hangphut
6) Ningkhamiwui Oko

hangphut, thaomei khaling khavai table kala khamui haikhavai table lei. Saikora chi sinana kasana. Kakathumali khongsai chiya gori eina ksemna. Chili pangmon bingna katharawui kathara apamli mazangrang lakha pang mazik kala phei pheosang khavai sai.

Khamateli rikata hangphut chi gori eina semda salak kahai meiwui ngalem lila hai. Tabernacle sakup khaleoda Prohowui mei chi hangphut chili chuikapamna (Pangmonshi 9:24). Mei chuipam ngasaklu da Prohona kaso hai, laga thangkachida zingkum akhawui yao sathata kachikatwui ot saching kajina (Shongza 29:38-43; Pangmonshi 6:12-13).

5. Seiva kala Yao Kachikatwui Khamataiya

Pangmonshi 1:2li Varena Mosesli hanga, "Israelnao bingli hithada hanglu kaja, kachikathana Proholi shakei chikatra jikha seila, mela, yaola khuira ranu." Khokharum atamli naoshinao bingna chikat khavai ot kachungkha khuira ngaroka. Tithe khamili langmeida ningkashi khamila lei. Kal kachi kathana yao chikatra chikha yao ashangvawui eina khuira phalungra da Varena kaso hai. Hangda khalei saikora hi horzak eina saphalungra kaji maningla manglawui kakhalat chi khaleina.

Yao ashangvawui eina khuirada kachikatwui kakhalat khikhala? Hi ithumna mangla kala khamashungli khorum

Zakyui

<Zakyui 2>

Mi Samphang khavai Apam

Shimwui alungli rikata hangphut (Shongza 30:28), khongsai (Shongza 30:18), kala Tabernacle (Shongza 26:1, 36:8), kala kithara kachon hokthang khavai lei. Zingshoshongli zangkhavai akhamang lei (Shongza 27:13-16), kala china Jesu Christa huikhame khamong kachitheina.

Zakyui

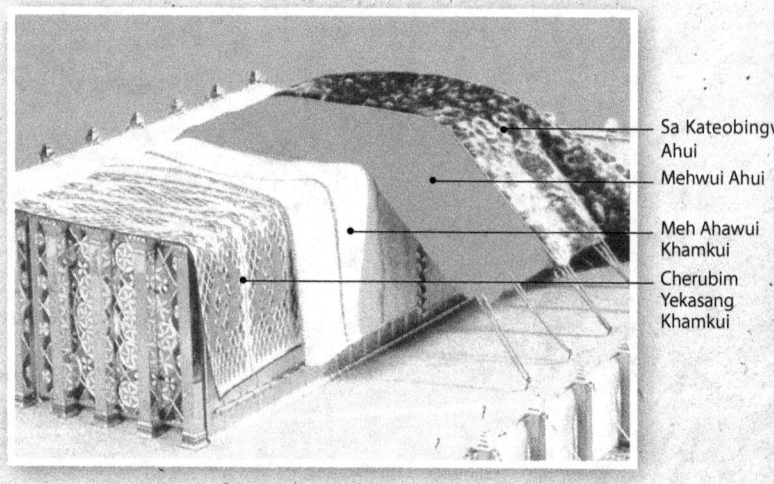

<Zakyui 3>

- Sa Kateobingw Ahui
- Mehwui Ahui
- Meh Ahawui Khamkui
- Cherubim Yekasang Khamkui

Tabernacle Saphin Khavai Kachon

Tabernacle chi aphor mati eina fakhama. Takatangli Cherubim yekasang; kakatangli meh ahawui khamkui; amareili mehwui ahui kala sa kateo bingwui ahuina ronhai. Zakyui 3 wui saphin khavai kachon bingla lei. China kithara shim chiwui mangashong, khanukshongli fakhamda katharawui kathara apam chili nganamkapha anganam thota.

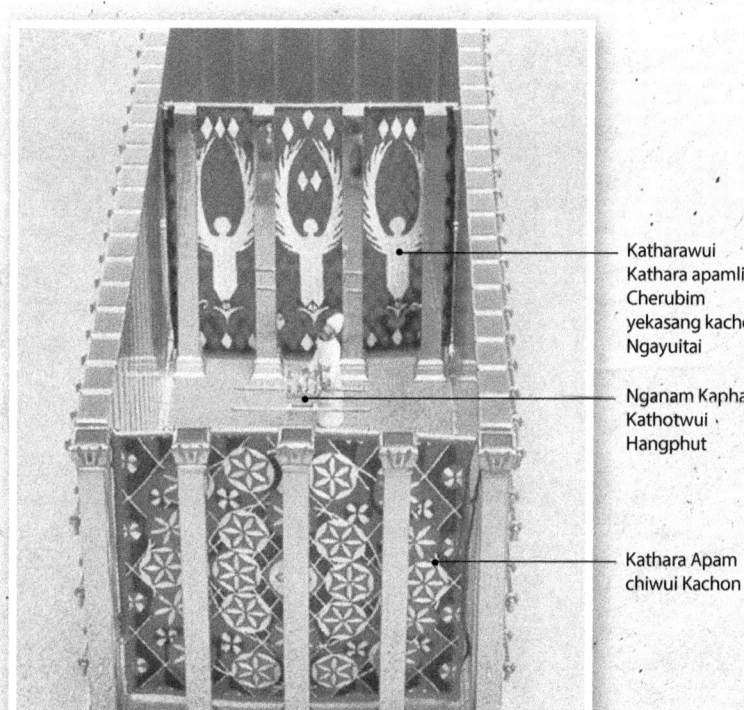

<Zakyui 4>

Fakham Kahai Kathara Apam chi Mikna Kathei

Mangashongli fakhama khavai kachon bing chi hai, kala hangphutwui khanukshong nganam kaphawui hangphut lei, kala Katharawui Katharawui fakham khavai kachon chi lei.

Zakyui

<Zakyui 5>

Tabernaclewui Alung

Yarui pamkhavai chili sinana kasem thaomei khaling khavai (Shongza 25:31), khamui haikhavai table (Shongza 25:30), kala nganam kapha anganam rikhavai hangphut lei (Shongza 30:27).

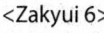

Nganam Kapha Anganam Rikta khavai Hangphut

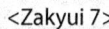

Khamui Haikhavai Table

<Zakyui 8>

Thaomei Khaling khavai

Zakyui

<Zakyui 9>

Katharawui Kathara Alungli

Katharawui kathara apam chi yangsa chikha chiwui phaklang akha sakhaira. Chili theikapai ot bing chiya ningkh'amiwui Oko, lukhamashanwui pamkhnong kala chongran bing china. Zingkum akhali pangmonna kachara kachon ngavaida apam chili zanglaga morei pheomi khavai kachikatwui ot zangkasana.

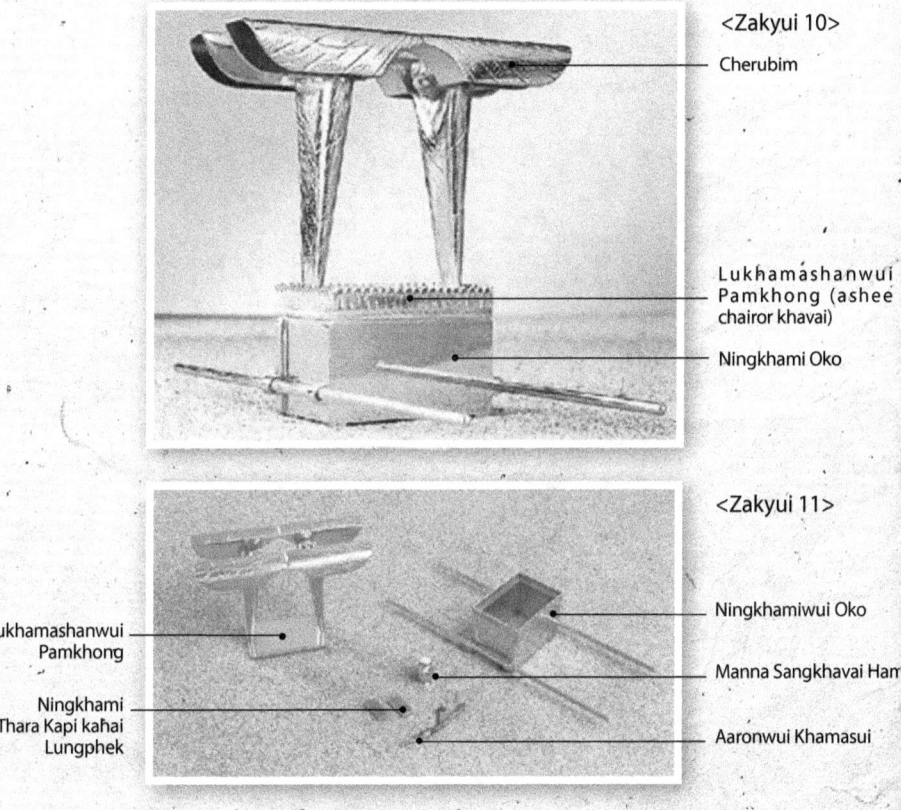

Ningkhamiwui Oko eina Lukhamashanwui Pamkhong

Katharawui kithara apam chili sinana kasem ningkhamiwui Oko kala lukhamashanwui pamkhong chi lei. Lukhamashanwui pamkhong china ningkhami Oko ngalemli hai (Shongza 25:17-22), kala zingkumkhali chili akhashida ashee chairora. Lukhamshan pamkhong chiwui akatangli angachang kaka cherubim khani lei (Shongza 25:18-20). Oko chiwui alungli ningkhami thara kapi kahai lungphek, manna sangkhavai ham, kala Aaronwui khamsui chi zanga.

Zakyui

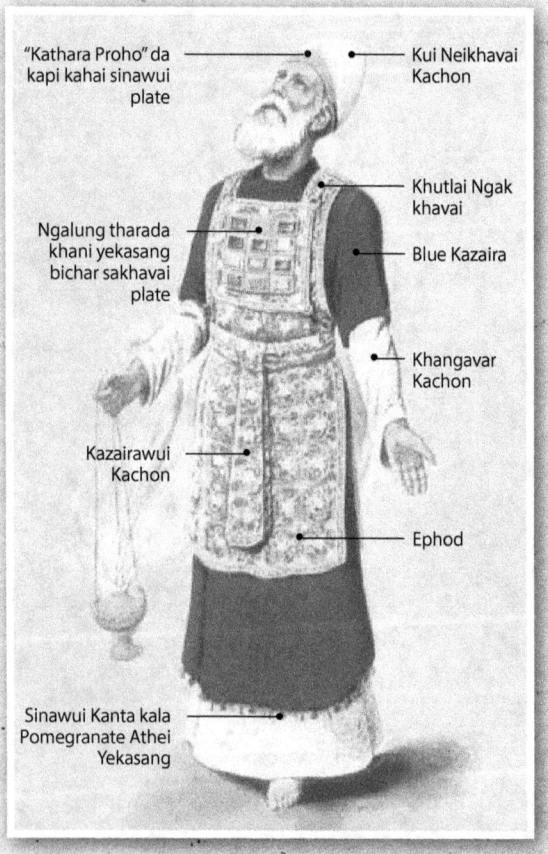

<Zakyui 12>

Pangmon Kharewui Kashan Kachon

Templeli kachikatwui ot saikora kala zingkumkhali kachikat kasawui maram saikora chi High priestly yangsang ngasaka. High priest ngasaki kaji mi chiya Urim kaja Thummim leiphalungra. Varewui kaphaning theikhavai ngalung khani hi singda ephod ngavaira. Urim hina kahorli theivai kala Thummim hina mapung kaphali theivai.

phalungra kajiwui kakhalatna. Hi manglawui khokharum kakhalatna (Romans 12:1). Chi wui vang eina meeting kakawui atam mangli maningla kali likha pamlala seiha sada ningasharlak eina pamki kajina. Hithada ithum kharingawui kachikat sada Varena khuisangmi kapai mirin chi ringpaira.

Sayur kateila leilaga khiwui vang eina seiva kala yao chikatlu chihao khala? Seiva kala yao hina huikhame khuikhara Jesuwui amaha ngasai. Ara chi ithumna meisa eina yangsa.

1) Seivana mikumowui ot phungmiya.

Seivana mikumowui otphun phungkhami thada Jesuna moreiwui otphun chi phungmi. Matthew 11:28li hanga, "Kakhanang kala ot kharit kaphungbing saikora; iwuili ralu, ina nathumli ngasamkhui ngasakra." Mikumona lan, khaya, awor, kala pangshap samphang khavai ot yang eina sai. Hiwui otphun hili langmeida mikumona moreiwui otphunla phunglaga kachot kachang kachungkha samphangda okthuiya.

Kha Jesuna morei pheokhamiwui kachikat sada krush tungli rathimi. Hithada Proholi shitkasang manga eina mikumowui otphun chi ngavatada chingri eina okathui samphanga.

2) Seiva hina mikumoli kanna khavai mang sami, takhanar maleimana.

Seiva hina mikumoli kahang nganada ot phungkhami mang

maningla seina mi kala hanla savai ngasaka. Akui eina aphei tashungda awui phasali makan khana mazang mana. Hithada Jesula mikumowui kanna khavai mang ngasai. Kachama, kakaza, kala kakhananga bingli kazingramwui paokapha hangmida kachihan leingasaka. Kapi kapam maphakhuila ana Varewui tui chi mangla akhamangla huikhuikha chida tamchithei zata. Hithada ana krush tungli thimilaga Meifali vaukida leikasa morei kaphunga bingli huikhamiwui shongfa shomi.

3) Seivawui asa china mikumoli phasa phavai ngasaka.

Mikumo shaikhavaina chida Jesuna awui phasa kala ashee chikatmi. John 6:53-54li hanga, "Kachangkhat eina ina nathumli kahangna, Miwui Naomayarawui asa mashaikha kala ashee mamangkha nathumwuili kharing kaho maleimana. Iwui asa kashai kala iwui ashee khamang a china katang makhavai kharing samphangra, kala ali khanaowa zimiksholi ringshok ngasakra."

Jesuna Varewui tui sada okathuili phasa phonkhuilaga rami. Chi wui vang eina awui phasa kashai kala ashee khamang hina Varewui tui kakhui sada ringvaira. Mikumona shai mangda okathui thada Jesuwui phasa kala ashee khamang china Varewui tui chili kashur sada katang makhavai mirinli ringda kazingramla kazang samphangra.

4) Seiva hina lui khuivaida leithao leingasaka.

Jesuna ithumwui wuklung hatkhui khavai ot sai. Matthew 13li mikumowui wuklung hi shongfa pheiwui luipam, lunggui khaleiwui luipam, kashat khaleiwui luipam, kala leithao khaleiwui luipam matili chansam sada kapihai. Jesuna moreiwui eina kankhuimi haoda ithumli Mangla Kathara rangayinda pangshap mi. Hithada Mangla Katharawui ngachon khami manga eina ithumna kapha wuklung leipai. Ithumna Jesuwui ashee chili shitsang haoda ithum kapha mi ngasalaga Varewui sokhami shasha, hangtharuk kala thumrara samphang shapra.

Mathangli yao eina Jesuwui ngarai kacha maram khi leikhala?

1) Yaova malung nimlaka.

Malung khanimwui maramli khamatui tharan ithumna yaoli rara phaningunga. Mi bingwui ngachaili Jesuna malung nimmei thuiya. Jesuwui maramli Isaiah 42:3li kapihai, "Naikazam kahai khawo eina tangda masathat mara, mitnanai khalei thaomei masashimit mara:..." Makapha mi maningkha ningatei hailaga morei salui kahai mili Jesuna kakhang eina ngasoda athum mahanungrang eina tangda ngaraimi. Jesuna Varewui nao sada pangshap kachungkha leilala ana leikashi chitheida krushli rathimi.

2) Yaova kahang nganalaka.

Yaova kahang nganalak haoda awui aha kashi lila kashaikha pamishapa. 2 Corinthian 1:19li kapihai, "Silvanusnanilala, Timothynanilala, inanilala tamchitheida khalei Varewui Naomayara Jesu Christa hiya "Ninglapai" "Maninglapai" kaji maningmana. Kha awuili Varewui "Ninga" kaji lei." Jesuna awui sakha nganagai masala Varewui kahang nganada thimi. Awui mirin peida Varena sangasak khangai ot chi sada okthuiya. Naolak eina krushli kathiwui kachot chi thatheilala ana kahang nganada Avavawui kaphaning ungshung ngasaka.

3) Yaova tharlaka.

Hili hangda khalei yao hi phasa mangasorang kaji zingkum akhawui yaoli kahangna (Shongza 12:5). Hitamwui yao hiya mayar ngala maningkha khayon makhalei Jesuli chansam sapai. Yao hina aha, sa, kala seina mida ithumli kanna ngasaka. Jesu nala ithumwui vang asa kala ashee chikatmi. Ana Avavali kahang nganachaoda mikumowui morei sakhai khavai ot sami. Arui eina tangda ithumwui wuklung hi leithao khalei thada shokhavai ana yang eina ot sada lei.

Old Testamentwui atamli yao eina seivawui manga eina morei pheokhami thada mikumo saikorali katang makhavai mirin ngaranmi khavai Jesuna awui mirin chikatmi (Hebrew

9:12). Ithumna hi shitkasang eina Jesu hi Vareli kayakha kahang khangana khala kaji theida ningshi theida okthui chingsa.

Chapter 3

Rikata Kachikat

"Kha akharikhara eina akhobing ana pheofara. Kala mei eina rikatawui phakaphaya thada pangmonna katong chi riktara; hi Prohowui vang nganamkapha otna"

Pangmonshi 1:9

1. Rikata Kachikatwui Khamataiya

Pangmonshi lairikli kapi kahai rikata kachikat hi achalakhawui otna. Hiwui kakhalatva "atunshong karanu" kajina. Rikata kachikat hi hangphutli hailaga meina chuita khangasakna. Hi mikumo akhana awui mirin tongda kachikatli kachithei kakhalatna. Mei riktada chiwui anganam china Vareli ningyang ungkhangasak hi Jesuna awui mirin chikatmida ungshung ngasaka (Ephesian 5:2). Anganam china Vareli ningyang ungkhangasak hiwui kakhalatva ithumwui wuklung khuikhamili kahangna. Vareli khangachee kala chikat kashapwui wuklung hi Varena yangchingda khaleina. Hiwui athishurda ithumna Ali mapung kapha eina khorum ngasakngai.

Sa sathata Vareli meina riktada kachikat hi Ali kahang khanganali kahangna. Apong khangatei eina hangsa chikha rikata kachikatwui mangla kakhalat hi Varewui tui chili shurda kharing chili hangna.

Aruihon atamli hangsa chikha Easter sundayli meeting kaka, ningkashi zimiksho khamayon, Christmas khamayon kala Sunday kachida meeting kakali theivai. Sunday kachida meeting kaka hina Varewui naongarana kaji phongshoka kala ithumwui mangla Varewuina kaji kachitheina.

2. Rikata Kachikat Ot Kasa

Achuk kapei yao alā chikat phalungra kaji hi Varena kaso kahaina. Ala ningkachang wui kakhalatva shanao liya mayarnao bingna ning mazingmei kaji phongkashokna. Athumna ning yaoya kahai masamana. Kala achuk kapei hina mangla kala khamashung eina khokharumli kachithei maram sai.

Ava avali ithumna khamathan eina gift khami tharan mathanthathup khuimi. Mamingai rareo mikha ringkapha eina makhuirar mara. Hi ngaraicha eina ithumna Vareli shinguta kala ngachang shida khorumkha Ana makhuimi mara. Ithumna huikhame chiwui ningkashi chitheida khokharum tharan Ana mathan thathup khuimiki kajina. Hiwui atam mangli kasui chiwui eina yamshok khavai Varena shongfa ngaranmira.

Pangmonshi 1:5li achuk kapei seila kachikat hi khayon makhalei Jesuli kahangna. Chiwui vang eina ithum nala ning tharda Vare mangali vaphalungra kaji hi tuiza hina chitheida lei.

Seilā hiwui angazee chi mashokpeirang thuda mili kharei khami masamana; hithada ali makapha maleimana. Hila takui kahai khayon makasa Jesuli rinda kahang tuina. Achuk kapei seiva kachikat thada Jesuna khayon makhalei Varewui nao sada ithumwui vang chikatmi.

Malachi 1:6-8li mapung makapha sa kachikatwui vang Varena Israelnao bingl saklak eina hangmachina.

"Naomayarana avavali khaya shi, kala raona akhavali khaya shi. Chitha akha, I avava akhana jilaga ili khaya-kashi kali leili? Kala I akhava akhana chikha ili khangchee kali leikhala? da zaikorawui Prohona awui ningli yangkharinga he pangmon, nali kahangna. Nathumna hanga, "Ithumna nawui ming kathada yangkharing haokhala?" Khamakhao kashak kazawui hanphut tungli kaphawui vang. Laga nathumna "Ithumna chi kathada makhao ngasakhala? Ji. Kaphaning eina Prohowui table yangkharingpai. Nathumna phakaphayali khangapeo sayur kachikat chi kapha otla? Kala phei katek, kakaza, kachikat chi kapha otla? Chi nathumwui lamungali miyanglu; ana nathumli penrala, kala lumashanmingai rala? da saikorawui Prohona hanga.

Mapung kapha kala achuk kapei ot Vareli kachikat thada ithumna mangla kala khamashung eina Vareli khorum phalungra.

3. Kachikat Ayur bingwui Khamataiya

Mashunwui Vareva mikumwui wuklungli khayangna.

Chiwui vang eina asan arekli maningla ithumna kayakha shitsang khala kajili Ana ningsanga. 2 Corinthians 9:7li hanga, "Kachichawui kaphaning athishurda miki kajina, tandiwui ot maleimana, kaja mingairareo khame chili Varena leishi." Ithumna mingairareo eina mikha Varena mathan thathup khuimi.

Pangmonshi chapter 1li seila, yao, meh kala vanao bing chi kathada chikatra khala kaji mathada hangmihai. Seila hi Vareli kachikat matik chai chilala mi kaikhana chi masarar mana. Hina maram sada kachichawui sakashap athishurda Varena yao, meh kala khunu kathahi chikat khangasakna. Hiwui mangla kakhalat khikhala?

1) **Kachichawui sakashap athishurda khami tharan Varena khuimi.**
Pheisa kateo naona chilala kaikhawui vangva chunglak kahai ngasapai. Hina maram sada kachichawui sakashapna chida mi bingna yao, meh, kala vanao kachikat Varena khuikhamina. Vareva mashunwui Vare ngasa haida kacham kala kashang mayangla kachichana sakashap athishurda rakachikat ot chi khuikhamina.
Seiva ngava kashap mi akhana meh rachikatkha Varena mathan thathup eina makhuimi mara. Kha yao eina chikat

kashap mi akhana seiva rakachikat tharan Varena mathanlak eina khuimida awui kaphaning samira. Kha seiva, meh, yao, kala vanao ranu saikora chi nganam kapha anganam kathana da Varena hanga (Pangmonshi 1:9, 13, 17). Kaja Vareva wuklungli yanghaoda ning kathar eina rakachikat saikora chi Awui vang ngaraicha sera.

Mark 12:41-44li kachama rameiva akhana offering khami tharan Jesuna masot khami maramli kapihai. Coin khani chi chiwui atam lila khikha maningmana, kha awui khalei saikora mikahai ngasai. Hithada kayakha teolala ithumna Vareli kachichawui kashapna da ning kathar eina kachikat hi Varena ningkachangna.

2) Varena kachichawui theikakhui athishurda khokharum khuikhami.

Varewui tui khanganali kachichawui theikakhui athishurda phap tai. Hithada Varewui tui hakashok tharan Bible kapa bingwui vanga pailak eina phap tashapa, kha kaikhawui vanga theishing kakhui hi saklak eina shoka. Saikora hi Varena theiser haoda mi kachivali kachichawui sakashap athishurda Ali khorum ngasakngai.

3) Varena kachichawui zingkum kala theikakhui athishurda khokharum chi khuimi,

Zingkumwui athishurda theikakhui hi ngatateiya. Hina maram sada khararnao bing hi Varewui tui tamkachitheili phap tashilaka. Thalala athumna ning kathar eina Vareli khorumkha chiwui athishurda Varena khuimira.

Mi akhana rarhaoda awor malei thuwa chilala Mangla Kathara kasakmida leikha Varewui pangshap chi samphangra. Hithada ana Varewui tui chi athum nala phap tashapra. Chiwui vang eina "Iva ngazana, khikha masarar mana" da mamatuilak alu shitkasangwui athishurda Varena ot sara. Ana kachichawui kashap athishurda khami chi mathan thathup khuimira. Hikatha hina maram sada Pangmonshi lairikli kachichawui kashap athishurda Vareli kachikatwui maram chi kapi kahaina.

4. Seiva Kachikat (Pangmonshi 1:3-9)

1) Kachonshimwui Khamongli Achuk Kapie Seiva

Tabernaclewui alungli yarui pamkhavai kala katharawui kathara apam lei. Pangmon mangna zingkum akhali katharawui kathara apamli zangpai. Hina maram sada khangacha mina tabernalcewui khamongli seiva rakachikatna.

Kha Vare eina mikumowui ngachaili khalei phaklang kathawui morei chi Jesuna sakhaimi haoda ithumna Vareli zangda khangasik khuipai. Old Testamentwui atamli mi bingna Tabernalcewui khamongli kachikatwui ot sasai. Kha ara Mangla Katharana ithumwui phasali ngayinda leihaoda ithumna Vareli pailak eina samphangpai.

2) Morei Sakahaiwui Khayon Khamang Leihaoda Rikata Kachikatli Pang Kapar

Pangmonshi 1:4li hanga, "Kala riktakhavai kachikat chiwui kuitungli apang parda chieina ali pheomida khuisangmira." Rikata kachikatwui atungli pang kaparwui kakhalatva ashee china maram sada morei pheomi haira da kachitheina.

Kala pang kapar hi sokhamiwui kakhalatna. Hithada Jesu nala naoshinao bingli kala kakazanao bingli pang parda somi kala raimi. Pang kapar eina pao kazata bingna mi bingli Mangla Kathara samphang ngasaka. Kala pang kaparwui kakhalatva Varewui pangli misang haira kajina. Hithada pangmon bingna kachikatwui tungli pang kapar hi Vareli misang haira da kachitheina.

Meeting kakupli Prohowui seiha kasa tamkachithei eina ngasoda kupkasang chi Varewui ningkachangna. Pangmonshi 9:22-24 hi Varena sangasak khangai apong eina kachikat sakahaiwui thili Aaron pangmonna "Mibingwui shong apang khangkada athumli somi." Ithum nala Prohona tamkachithei seiha chi eina ngasoda meeting kupsangkha Varena makapha chipeewui eina kanmida kasuili matazang mara kala sokhami mirinli thanmi chingra.

Achuk kapei seiva kachikatwui kakhalat khikhala? Moreiwui saman kathi ngasahaoda mikumowui mahut sada sa akha thiphalungra kaji lei. Phasa mangasorang kaji seiva hi angangnao thada yangnailaka. Chi eina ithum morei masaluipai mana chida Varena hikatha sa chikata ithumli pheomiya. Hi eina ngasoda ithumli ning ngatei ngasakngai.

Hiwui maram hi pao kazata Paulna theiping haoda ali morei pheomi hailala kala Varewui pangshap samphang hailala thangkachida ana thinchinga. Ana 1 Corinthian 15:31 hangphata, "Ivanaobing, I thangkachida kathili ngasungchinga. Proho Jesu Christali ngarumhaoda nathumwui vang ina langsongaida hangkaphatna." Hithada Vareli makhamaya makhamashung, ngakai kashi, kakharam kala khalatawui ningli khanganing saikora hi ithumli malei ngasak phalung mara.

3) Pangmonna Hangphut Tungli Ashee Chaikharor

Seiva chi sathat kahaiwui thili pangmon china chiwui ashee chi khuilaga khamong pheili khalei hangphut tungli chairora. Hithada Pangmonshi 17:11 kapihai, "Khikhala jila phasawui ringkhavai asheeli lei. Kala nathumwui mangla pheomi khavai ina hanphut tungli mikahaina, kaja kharing khaleiwui vang ashee eina morei pheokapaina." Ashee hi mirinli chansam sai. Hina maram sada Jesuna ithumli moreiwui eina ngatangkhui khavai ashee shokhamina.

Hangphut kuimarei dala ashee chaivai. Hiwui kakhalatva morei tharmichao haira kajina. Aruihon atam lila chi papama. Hangphut chi paokapha hashok khavai pulpitna kala yao kahomana pangmonwui mahut sada ot sai. Meeting kakali shitkasang eina Varewui tui nganakhuida ashee chiwui manga eina morei pheomilaga Varewui kaphaning theingasaka. Ashee chiwui manga eina ithumwui morei pheomi khaleoda Varena thankhami mirinli ithumna ringa.

4) Seiva chiwui Ahui Khokshoklaga Asa Kakatat

Chikat khavai sa chi ahui khokshok hailaga meili rikatana. Kaja ahui chi meili ruisak laka kala nganam kashila nganamshiya. Chiwui vang eina nganamkapha anganam thada shokhavai rilka eina ahui khuikashokna. Hiwui theikakhui hi aruihon atamwui khokharumli khi tamkhui khavai leikhala? Varena nganamkapha anganam thada ithumwui khokharumla khuimi. Nganamkapha anganam hi leikhavai ithumwui makathar ningai kala okthuiwui kasa khava saikora hi chithit-hai phalungra. Ithumwui mirinli kapha eina okthuida khalei thalaga Varewui eina talak leikasa ngavai. Hikathawui mirin hi Vareshiwui mirinli leihaikha langkaso chi rashokta kashiman ngasara.

Chanjam sada mi kaikhana marketing saching kaji ngavai. Kaikhana television khayang kala game khangareoli addict tada lei. Ithumwui wuklung hi hikatha otna singthui kahai tharan Varewui eina ngapak kahaina. Ithum khalatali mathada yangkha Varena mamaya khangai ot kachungkha khalei theira. Hithada mapung kapha mi ngasasa chikha hikatha makapha hi horhai phalungra. Ithumna meeting kaka tharan rilak eina ningateida tharchao ngasaki kajina.

Meeting kakali ningateida morei tharkakhui kaji hi kachikat sawui ahui rilak eina khuikashok kathana. Hi sakhavai ithumna meeting kathak eina kara. Morei mahangphat ranglaga rilak eina khi khikhawui vang Vareli ningkashi mira kaji hi mamalailu, kala chiwui eina ningateiki kajina.

Sa chi ahui rimshoklaga meili rikta kahaiwui thili ahui chi khi khikhali shichinva luiya. Asa kakatat tharan akui, aphei, kala alik alak saikora ngatei ngasaka. Ithumna mili angum eina maningla mathada khok-hailaga atheira semda mimanga. Hithada khuisang kapai apong eina Vareli ithumna ot chikat phalungra.

Kachikat ot kasali khiwui vang eina asa chi kakatat khala?

Rilak eina khokharum kaji hi apong kachungkha lei. Chiya Sunday ngathorwui service, evening service, Wednesday evening service, kala Friday night service hi bing hina. Hikatha khaikahai service hi kachikatwui asa kakatat kathana.

Kakhaneli ithumwui seiha apong saikora chi sa kakatat kathana. Kaja ning khangateiwui seiha, makapha chipee kasham kashokwui seiha, kala Vareli ningkashiwui seiha hikatha hi lei. Church shong einala yangsa: church shim sakaka, chiwui minister kala otsakrum bing, kala mangla huikhui khavaiwui seiha hikatha apong hi ngatatei sera.

Gari thao mamanda kala shongfa zatman dala seiha sapai. Kha matailak eina ithum khangarum kasali seiha sakhavai apong hangkhangarok hi chikat khavai seiwui asa kakatatli chansam sai. Hikatha hi kasa tharan Varena ithumwui seiha chi shamida ngahanka mira.

Kakathumali asa kakatat hi Biblewui lairik akhum 66li chansam sai. Lairik saikora china akhum akha sada Proho Jesuwui manga eina huikhami samkaphangwui maramli kapihai. Lairik akhum kachungkha khaihai lala Varewui tuili makacha zanghaowa kaji maleimana. Hithada kakhai hina ithumwui vang paimeida Varewui tui chi kashak kaza thada zakapaina.

Khamateli asa kakatat wui khamataiya chiya khokharumwui ayur bingli chansam kasana. Meeting kakali rimeithuida ning khangatei seiha kasa hina khokharumwui ayur akhana, chiwui thili Vareli chan ngazek pamra, kala khanaowali Prohowui seiha sada ngathanra. Service chili Varewui tui mang mahashok mana, kha intercessory seiha, masot khami seiha, Bible kapa, kala kachikat hikathatha hila lei. Saikora hi asa kakatatli chansam sai.

Kachikat sa chi meina chuitup kata thada ithumwui khokharum hila khanao eina tangda mapung phangasak phalungra. Meeting huida makapai mana kala makup ranglaga ot leiya da mathui haipai mana. Mi kaikhana yangung yangvada mi saikorali pamkhavai ngaranmira. Mi kaikha liya otna masapai mada Wednesday service kala Friday night service kathali huikahaila leira. Chithayi lala maram bing chi Varena theiser haoda athumwui khokharum chila khuimira.

5) Pangmon china Mei Saka Khavai Mething Khangaran Kasa

Sa chi katatser haira kajiwui thili pangmon china hangphut tungli hai. Hithada mei thota chuita khavai pangmon china meithing khangaran kasana. Hili 'mei' kaji hi Mangla Katharali chansam kasana, kala 'meithing' hina Bible pamli chansam sai. Biblewui lairik 66li kapi kahai tuikhur kachiva chi mething kathana. Hithada 'meithing khangaran kasa' kaji hi Mangla

Katharawui ot kasa alungli Biblewui tui chi kashak kaza thada kakhuili kahangna. Chanjam sada Luke 13:33li Jesuna hanga, "kaja maran akhala Jerusalemli maningla apam khangateili mashimanpaimana." Tuiza hi heng sada phap matapai mana, kaja paokazata Paul kala Peterla Jerusalem ayarli thisang haowa. Jerusalem kaji hi ram kala apam chili kahang maningmana kha Varewui wungram chili kahangna. Jerusalemwui ayarli maran bing mathisangpai mana kajiwui kakhalatva Varewui kaphaning alungli athumna thisangra kajina.

Paokapha hakashok tharan mathada phap tada theishing khuisa chikha Mangla Katharawui kasak khami leiphalungra. Mikumowui theikakhui chili makanvada theikhuisa chikha Ana thanmi phalungra. Hithada ithumna Varewui tui kathei manga eina manglali rarsangda mapung kapha mi ngasai.

6) Asa Katatser hailaga Alik Alak saikora Methingwui Atungli Kahai

Pangmonshi 1:8li hanga, "Kala athumna samarimla akuila athaola, hanphutwui meitungli khari-khanao makailakla semhaira." Rikata kachikatva pangmon bingna hithada khari khanao yangda haiphalunga.

Akui meina chuikata kaji hi makapha ningai sakakhaili

chansam sai. Kaja ningai hi akuiwui eina kharana kala moreila akuiwui eina haophoka. Okathuiwui mina otsak eina masa kashok morei chi mathei mana. Kha 1 John 3:15li "Achinali yangkakharinga a chiya mi shaokathatana," da kapi kahai thada ningkakachai hi Varewui miktali moreina.

Jesuna ithumli moreiwui eina kanmida zingkum 2000 kahaira. Ana aphei kala pang mangwui morei pheokhami maningla wuklungli kasa morei chila pheomi kahaina. Ithumwui aphei apangna morei sakahai saikora chi pheomi khavai Jesuwui aphei kala apangli yotpi shaosanga kala akuiwui morei chi pheomi khavai kashatwui kuihon ngahonmi.

Ithumna kapha ningai mang eina okthuikha makapha chukmaja khavai atam maleimara. Mangla Kathara thanda meeting kakawui eina nganakhui kahai Varewui tui chi ningli leichingda makapha otli mazang mara.

Sathao bing china pangshap kasana. Hila meili riktada kachikatna. Jesuna awui phasali ashee kala tara kashok eina tangda makapha chili ngasungda awui mirin ithumwui vang chikatmi kahaina. Hithada ithumna Jesuli shitsangda leilaga eina tangda Vareli sathao chikat khavai maleilui mana.

Kha morchai mang eina Jesuli shitkasang hi mashap mana. Prohona ithumli morei pamwui eina kanmi haira kaji shitsang chaowa chikha morei masala Varewui tui manga eina kathara mirinli ringphalungra. Ithumna phasa, wuklung kala mangla tongtingda Vareli khorum phalungra. Hithada kasa eina Varewui tui mang ngana kakhui masala wuklungli tipsangda okthui shapa. Hikatha mirinli Varena hakmalak eina somi.

7) Asa bing chi Pangmonna Tara eina Pheohailaga Meili Riktada Meikhut Kashok

Akhri kala aphei khani hiya pheokazakta chikatlu da Varena kasoi. Tara eina kapheowui kakhalatva mikumoli sakhamthali kahangna. Khi khamakhao leihaoda samathaki kaji khala? Old Testamentwui atamli tarana sa chi tarana pheokhamatha thada New Testamentwui atam liya wuklung samthaki kajina.

Matthew 15li Pharisee bingna Jesu kala awui sakhangatha bingli pang mamazikla phakazawui vang kakaharwui maramli kapihai. Chili Jesuna athumli hanga, "Khamorli kazang china mili makhao khangasak maningmana, kha khamorwui eina kashok china mi chili makhao khangasakna" (v. 11). Khamorwui eina zangkahai tara chiya khamakhao ngasa haora kha khamor chili kashok chiya wuklungwui eina kashok ngasa haoda china mirinli saza ngasaka. Jesuna tuiza 19-20li hangluiya, "Kaja wuklungwui eina makapha kaphaning: shaokathat, phokapha, shamkasa, khalee-kasa, makhamashung shakhi khami kala khamashat shoka. Mili makhao khangasak chi hibing hina kha apang mamazikla phakaza china mili mamakhao ngasakmana." Hithada ithumna Varewui tui manga eina morei kala makapha bing chi samatha phalungra.

Varewui tui chi chungmeida shada khaluizada leilaga eina tangda wuklungwui makapha kala morei chi maleimara. Chajam sada mi akhana leikashiwui khamui semda chi zada leikha ningkakachai shiman haora. Malung khanimwui khamui zakha ngakaikashi maleimara. Khamashungwui khamui zakha makhamashung kaho ot masamara. Khamashung leida leilaga eina tangda makapha maleirar mara. Hithada awui shitkasang chi mataisangda Jesuwui mi ngasalaga kachihan chili langmei kharda sokhami samphangra.

Akhri eina aphei chi pheo kazak kahaiwui thili meili riktada china nganam kapha anganam shokngasaka. Hiwui maramli Pangmonshi 1:9li kapihai, "hi Prohowui vang nganamkapha otna." Ithumna mangla kala khamashung eina Vareli khorumkha Varena nganam kapha anganam thada khuimilaga ithumli sokhami heiror mira. Wuklung eina khokharum kaji hi Varewui vangva nganam kapha won-nganam kathana.

5. Meh Kachikat (Pangmonshi 1:10-13)

1) Achuk Kapei Mehlā (male goat) Kachikat
Seiva kachikat thada achuk kapei yaova kala mehla chikat phalungra. Manglawui kakhalat eina achuk kapei kaji hi ningkashi kala khamathan eina khokharumli kahangna.

Sayurli avā kachikatwui kakhalatva ning yaoya kahai maleila khokharumli chansam kasana. Hithada pheisa lei lala kala malei lala chiwui athishurda ning tharlak eina Vareli chikatra.

2) Sa chi Hangphutwui Atoshongli Sathata Pangmonna Chiwui Ashee Kachai

Seiva kachikat thada sa kateila sathata atoshong, zingtunshong, azeshong kala zingshoshong ngarei serlaga chiwui ashee chi chaivada morei pheomi ngasakna. Hi mikumowui mahut sada sa thi khanagasakna.

Khiwui vang eina sa chi hangphut chiwui atoshongli sathatlu da Varena kasohao khala? Atoshong kaji hi khamakui kala tangkhamangli theivai; hi Varena ningyang maung mada kharākli chansam kasana.

Jeremiah 1:14-15li kapihai,

"Chieina Prohona hanga, Zingtungshong eina ngalei hiwui mi saikorali khanang ngasakra. Kaja yanglu, zingtunshong khalei wungram saikorawui mibingli ina hohaira, athumna Jerusalemwui phakho kuimareida zangkhavai pampamli kachichawui wungpamkhong rasakara, Judahwui keinung bingla chitha papamra."

Jeremiah 4:6li Varna hanga, "Thakta yamulu! Da philan kaheivalu. Zakshilak eina sakachithita makapha ot akha, ina zingtungshong eina chitakra." Biblewui athishurda atoshong hiya Varena malung vata mikumoli tandi kasa apam ngasa haida chivakli sa bing chi sathatlaga mikumowui morei bingchi pheomi khavai kasana.

3) Sa chi Kat-hailaga Hangphutli Akui kala Athao Ngateida Hai; Akhri eina Aphei Tara eina Pheokazak hailaga Meili Rikata

Seihva kachikat thada yao eina meh khani hila rikata kachikat sada chikatlaga morei ayur katonga pheomi ngasaka. Old Testament hina akalana kala New Testamentli ungshung ngasaka. Thada shitkasang manga mang eina maningla wuklungwui ahui rimlaga Varena ithumwui morei pheomingai. Hi wuklung ning tongda Vareli khokharum kala Varewui tui chi khamui sada kaza kathana.

6. Vanao Kachikat (Pangmonshi 1:14-17)

1) Khunu maningkha Nasha Avā

Vanaowui ngachaili khunu hina mlung nimeithui haoda mili kahang nganai. Hiwui vanao yur hiya kashaila shaiphalak haoda kachikat lila shichin ngasaka. Khununa chilala mararang kaji chi chikat ngasakngai. Vanaoyur hiwui malung khanim hi Jesuwui malung khanimli chansam sai.

2) Pangmonna Kachikat Ot Akui kala Angachang chi Hangphutli khuiralaga Rikata; kala Chiwui Ashee chi Hangphutwui Ayarshong Longta khangasak

Khunu hiya kateowa vanao ngasa haida kakatatwui tui maleimana kala chiwui asheela kateokhamang shok khangasakna. Sa katei sakathat thada masala khunu chiwui akuili singda shimet kathatna. Hili kachikatwui tungli pang kaparwui sharukla zangkahaina. Vanao chiwui ashee chiya kateokhamang haida khuilaga machaila hangphut chiwui ayarli longshok ngasakna.

Khunuwui sa chi katat haikha akha onser haora. Chiwui vang eina chiwui angachang chi khamataiya sada kakhuina. Angachang china vanao bingwui mirinna. Anagchang chi serkakhaiwui kakhalta mikumona Vareli hamkasangli kachitheina.

3) Vanao chiwui Paiphong Hangphut chiwui Zingsho shongli Khuishokta Rikata

Vanao chi aha maohailaga samatha kazak-hai. Sa kateiwui akhri kala aphei tarana kapheo thada masala vanaowui paiphong chi pailak eina khuishoklaga herhaowa. Paiphong kala aha bingchi herkahaiwui kakhalatva thuikahai atamwui morei bing chi horhailaga wuklung sakhamathali kachitheina. Paiphong eina aha bing chi zingshoshong hotla khaleivakli horhai. Haokaphok 2:8li kapihai, "Kala Varena zingshoshong Edenli yamgui akha sakhuida ali chili chipama." Zingsho shongwui mangla kakhalatva kahorna kuikhanamli theivai. Zingsho shongli zimik shokta tangkhamang kaho maleingasak mana.

Vanao chiwui paiphong eina aha bingchi chishong herhaolu kajiwui kakhalat khikhala?

Hi kachikat ot salaga ithumwui morei tharser kahaiwui thili kahora Prohowui mangali khava chili kachitheina. Ephesian 5:13li kapihai, "Ot saikora kahorli khuikashok eina athumwui kachangkhat khangacha chi mathingrik eina phongshok haowa." Hithada ithumwui morei chi kahor alungli khuishok hailaga Varewui naongara ngasai.

Seiva, meh, yao kala vanao kachikatwui manga eina ithumna Varewui leikashi kala mashun chi kathei samphanga. Varena kachikatwui ot sangasakngai kaja Israelnao bingna Vareli ngasikta ringphalungra kajina. Hi theida nathum nala zimiksho 365wui alungli mangla kala khamashung eina Vareli khorum shapra kala kathara zimiksho mayonda Varena nathumli ningyang ungra. "Proholi ningyang unglu, Ana nawui ningkachang mira" (Laa 37:4) da kapi kahai thada nathumwui kazazat apamli Varena ngayur mida sokhami ngasara kaji hi ina shitsanga.

Chapter 4

Theishirai Kachikat

"Kachi kathana muisak hanphut Proholi chikat akha manaktak kahai mathirli thao heisanglaga frankincense manatta"

Pangmonshi 2:1

1. Theishirai Kachikatwui Khamataiya

Pangmonshi chapter 2li theishirai kathada chikatlaga kathara mi ngasara khala kajiwui maramli mathada kapimi kahina.

Pangmonshi 2:1li kapihai, "Kachi kathana muisak hanphut Proholi chikat akha manaktak kahai mathir chikatra." Hithada athei arei hi khamatha kapangkhui phalungra. Hiwui kakhalatva thang thangwui kashak kaza khami Vareli ningkashi phongkashokna. Aruihon atamli hangsa chikha thuikahai hapta akhawui alungli Varena kalakashiwui eina kanmi kahaiwui vang Sunday serviceli Vareli ningkashi khami eina ngasoda kakhokharumli kahangna. Ashee shokta kachikatwui sa bing chiya seiva, yao, meh kala vanao hikathatha hina. Ashee shokta Vareli chikatlaga morei pheomi kahai hina ithumwui seiha ngahankami haora kaji ningkhanganung leingasaka. Kha athei arei kachikat hiya ningkashi phongkashokwui otsakna. Kaja athei arei lingsangda Varena mathei ngasaka kala chiwui ningkashi sada mathameikap kaji athei chi Ali kachikatna.

Manaktak kahai mathir hila theishirai kachikatli chinga. Khamui semkhavai saikora hi nganam kapha thao sangda manatser kahaina. Chi eina pangasumkha khuida chikatlaga chiwui eina nganam kapha anganam shokngasakna.

Shongza 40:29li kapihai, "Kala meetingshim tabernaclewui khamongpheili rikata hanphut chi haihai; laga chiwui tungli rikata hanphut eina muisakshar phaya, Prohona Mosesli kakaso athi shurda sai." Rikata kachikat kasa atamli theishirai chila khuiralu da Varena kasohai. Hithada ithumna khuirada Sunday serviceli Vareli ningkashi mida ningyang ungaska.

Theishirai kachikat hi gift khami kathana. Varena khamasai eina makhorum ngasakngai mana kha wuklungli ningkashi pemtha pemthai ngasakngai. Hina maram sada 1 Thessalonian 5:18li hanga, "Kashoshok ot saikorawui vang ningshilu; Christa Jesuli khangarumwui vang nathumli hi Varena sangasakngai laka," kala Matthew 6:21 lila hanga, "Kaja nathumwui lan khaleipamli nathumwui ningla leira."

Ithumna khiwui vang atam kachivali ningkashi mida theishirai chikatra khala? Rimeithuida mikumo hi Adamwui kahang makhangana wui vang eina kathili leiser hairasai kha Varena chiwui eina kanmi khavai Jesuli chihorai. Hithada Jesuna ithumli katang makhavai mirin khuirami. Okathui kala kazingram kasa akhava hi ithumwui Ava ngasa kahaina; chi eina Awui nao ngara sada ithumna Awui pangshap samphangra. Hithada ana katang makhavai mirin mihailaga kathada ithumna ningkashi mamila okthuipaira khala?

Varena zingham shokngasaka, masila mi, kala atam atamwui athishurda kazingla rongasakta theishiraila hekhui ngasaka;

hithada ithumli khikha mavat ngasaklak mana. Hiwui vang ithumna Ali ningshi phalungra. Langmeida Ana kalashiwui eina kanmi chingda moreila masangasak mana kala khamashung khangarongwui mirinli okthui ngasaka. Ana ithumwui seiha kasala ngahankamida khayuiyawui mirinli okthui ngasaka. Thakha ithumna khiwui vang Ali maningshira khala?

2. Theishirai Kachikat

Pangmonshi 2:1li Varena hanga, "Kachi kathana muisak hanphut Proholi chikat akha manaktak kahai mathirli thao heisanglaga frankincense manata." Theishirai kachikatli mathir chi mathalak eina semkhuira. Hiwui kakhalatva ithumwui wuklung katharli chansam kasana. Atha chi sakhailaga mathir semkakhuili ot kachungkha zanga – atha chi khokhuira, sakhaira kala manak-khuira. Saikora chi mathada saki kajina. Kaja hithada sakhui kahai mathir chiya shaipha shuna.

Hi Varena kakasowui athishurda kasana. Hina wuklung katharli chitheida Varena ningyang unglaka. Hithada ithum nala tithe kala thanksgiving khami tharan wuklung ning tharda miki kajina. Hithakha Varena mathan thathup eina khuimira.

Vareva saikorawui khamunga ngasa haoda mikumoli kachikatwui ot salu da kaso kahaina. Hi A khikha vat-haida salu kaji maningmana. Kha ithumli mataimeida somilaga mapung kapha mirinli okthui ngasakngai haida kasana.

2 Corinthian 9:6li "Hithada hangkahai lei: Ngarakri eina khayao china ngarakri eina hatkhuira, taimayasa khayaowa china taimayasa hatkhuira" da kapi kahai thada khayaowui athishurda hatkakhui hi manglawui ainna. Hithada ithumna Vareli ningshitheikha Ana mataimeida somira.

Ithumna hili shitsangda Vareli wuklung ning tongda ningkashi mikha Varena theishirai kachikat khuimida ningyang khaung thada ithumli ningyang ungra. Manaktak kahai mathir hi Jesuwui khangacha kala mirinli chansam kasana. Kapha mathir sakakhui hi ithumna kahang khangana eina ringkhavai hotkhanali theivai.

Hithada mathir hi nganam kapha thao sangda manatlaga hangphutli kachikatna. Hi kachikatwui kakhalatva apong ayayavawui vang ithumna Vareli ningkashi mina okthui phalungra kajina.

Kala ithumwui seiha ngahanka khami kala kasui chili yuikashapwui pangshap khamiwui vang ithumna Vareli ningshira. Kala maram kateila phada ithumna Vareli ningshira. Chiwui eina Varena ithumli khuimida ningkashiwui sokhami chi mira.

3. Chikat khavai Theishirai Khami

1) Theishirai kala Nganam kapha Frankincense Thaoli Mathir Manata Khuikhara

Manak khavai mathirli thao manata kala frankincense thao china khamuiwui anganam nganampha ngasaka. Hi khuirada pangmon china hangphutli riktalaga nganamkapha anganam meikhut chi shok ngasaka.

Mathir chili thao khamanatwui kakhalat khikhala?

Thao hi sathao kala kachi katha atheiwui eina semkakhuina. Mathirli khamanatwui kakhalatva ithumna apong kachivali Vareli mirin chikatlaga okthui phalungra kajina. Hithada ithumna mangla kala khamashung eina khokharum tharan Kathara Manglana thanmida Vareli khangarum leingasaka. Thao khamanatwui kakhalatva ithumna Vareli wuklung ning tongda mira kaji kachithei kasana.

Frankincense kachikatwui kakhalat khikhala?

Romans 5:7li kapihai, "Kachikathana kapha mi akhawui vang thimi kashap leisalala, khipanakha mashun eina kazata mi akhawui vanga mathimimana." Kha Varewui kaphaning athishurda Jesuna ithumwui vang thimi. Vareli Jesuwui leikashi chi kayakha nganamkapha anganam ngasara khala? Hina maram sada Jesuna kathiwui pangshap yuikhuida ringshoklaga

Varewui yapangli pama, kala awungawui Awunga ngasai. Hi Vareli nganam kapha anganam kathana. Ephesian 5:2li hanga, "Christana ithumli leishida ithumwui vang Vareli ningyang ungkhavai nganam kapha kachikat kala phaphayakhami chithada, nathumla leikashiwui lungli yaothuizatlu." Jesuna awui mirin Vareli kachikat chi nganam kapha frankincense kathana. Chiwui vang eina ithum nala Jesuwui thada chikatlaga Vareli nganam kapha anganam samphang ngasaki kajina.

Frankincense khamanatwui kakhalatva ithum nala Jesuwui thada mirin chikatlaga Varewui tui athishurda ringphalungra kajina. Hithada kasa manga eina achalakhawui theishirai kachikatwui kakhalat chi ungshung ngasaka.

2) Khawok kala Khuira Makazang

Pangmonshi 2:11li kapihai, "Proholi kachikat khamuili khawok masangpai mana. Kaja Prohowui vang khawok nilala khuira nilala mariktapai mana." Khamaui kachikatli khawok mazangpai mana kaja chi zanghaikha khamui chi suihaida manglawui kakhalat chi mashok ngasak mana.

Makhangachei Varena mathir mang chikata chiwui kathara kakhalat chi theingasak ngaiya. Hithada ithumna Vareli kachikat tharan ning yaoya machipai mana, kha ning kathar, leikashi kala shitkasang eina sara.

Mi kaikhana athumwui kachikat kasali mi bingna theingasakngai. Kaikhana ning sifada kachikatla lei. Kha Jesuna phakakhaning Pharisee bingli makhamaya chi theida ithumna kachikat tharan mina theikhavai masa phalung mara kala ningla thar phalungra.

Chiwui vang eina ithumna ning tongda Vareli ningshida chikatki kajina. Wuklung ning sifada kala shitkasang mazangla masapai mana. Phasa kala mangla khani nili somi kashap Vareli ning yang tongtingda chikat phalungra. Hithada manglawui kakhalat theingasak khavai Varena khamui kachikat chili khawok mazang khangasakna.

Atam akhali khawok zangda kachikatla sasai. Kha chiwui kachikatva meili mariktala mi bingli mida shaingasak haowa. Hili "wave offering" hoi.

Chanjam sada shitkasang khalei mi bingna Sunday service mang maningla khokharum kachivali zangchingra. Kha shitkasang khangazan bingna Sunday service mangli rakalaga Wednesday service kala Friday night serviceli marar lala Varena moreina da makhumi mana. Kaja athumna Sunday service kaka chili khamataiya khokharumwui atam chi khuikahaina. Hithada ithumwui shitkasang athishurda khokharum hi Varena ningkachangna.

Khiwui vang eina khuirala mazangasak thukhala? Khawok thada khuirala mathir chi shiman ngasak haiapai. Khuira hi Palestineli khalei atheira chiwui eina kakhuina, kala hina khi khikhala pailak eina suingasak shapa. Hina maram sada mathirli khuira mamanat khangasakna. Hina kachitheiva Varewui naongara bingna kakapik ningai katha hi maleilakla Vareli khorum phalungra kajina.

Khuira zangkha kachikat ot chi mathameira da kaikhana phaninglapai. Mikumowui miktali kayakha matha lala Varewui kakaso chili langda masangasak ngai mana. Mi kaikhana Vareli khikha chikat uki kaji tharan ning ngachei kahai ngavai. Kha Varena hikatha mili ningkachai. Chiwui vang eina sayur chikatra da mi akhana tuingashit sahaikha saphalungki kajina. Pangmonshi 27:9-10li kapihai, "Mi kachikat thada Proholi sayur chikatkha khami saikora chi kathar manga. Khangatei mahut mashinpai mana, makaphawui vang kapha, kaphawui vang makapha mangathapai mana; sa akhawui eina sa akha ngatha akha, khanini chi tharthathuiya."

Kachikat atam mangli maningla apong kachivali Varena ithumli ning tharngasakngai. Kakapik ningai kala acham hiya Varena makhuimi mara.

Chanjam sada awunga Saulna Varewui kakaso chi kaida awui ningkhan sahaowa. Ali Amalekwui awunga, chiwui mibing, kala shakei lan saikora sakhayang haolu kajina, kha rai yuikahaiwui thili Varewui kakaso chi masathu mana. Ana awunga Agag kala shakei khamathatha chi kapang khuilaga shimli khui-unga. Chili Varena ali kahar lala ning mangachei mada naolak eina ali Varena notha haowa.

Mishan 23:19li hanga, "Vare hi kakapik mi maning mana, ning ngateiki kache miwui nao maning mana." Vareli ningyang ungasak kida rilak eina ithumwui ning thar phalungra. Mikumowui miktali kayakha mathasa lapai Ana makhamaya chi ithum masa phalung mara. Kaja Vareva ning mangacheilak mana. Hithada ithumna ning managcheila Vareli thi kashur tharan Ana ringphai. Hikatha miwui kachikat khuimida somi.

Pangmonshi 2:12li kapihai, "Theishirai khuishai khare chi Proholi chikatpai, kha nganampha khavai da hanphutli mariktapai mana." Kachikat ot hiya Varewui vangva nganam kapha nganam kathana. Kha theishiraiva meili riktada chikatki kaji maning mana da Varena hanga. Hina kachitheiva otsak maningla wuklung kachikat hina khamataiyana kajina.

Ot eina kayakha mathada chikatsa lapai, kha wuklung machikatkha Vareli ningyang maung mana. Hi naoshinao bingna athumli pharakhuida nganao khamiwui vang ava ava bingli ringkapha phongshokta gift khami kathana. Ning tonglak eina khami tharan ringphalak eina khuira, maningkha gift chiwui kakhalatla malei mara.

Hithada ithumna Vareli khami tharan "Ina saki kaji sahaira' chida thada chikat kahai chi mamashung mana, kha wuklung, shitkasang, kachihan kala leikashiwui alungli saki kajina.

3) Machi Khamanat

Pangmonshi 2:13li kapihai, "Hikatha kapha ot hi machi sanglaga haira; Vareli ngashit kahaiwui machi, khamui kala thingnaraha kachikatli mavatpai mana; kachikat kachivali machi sangserra." Machi hina han ngayam ngasak kala ot atam kasangkha haipai.

Machi khamanat kaji hi chingri kahaili kahangna. Machi hina han ngayam khangasak thada khalatawui mirin kachikat hina khamataiya kachikatwui kakhalat leingasaka. Hithada otli machi manatlaga chikat khangasak thada khalatawui mirin hi Varena chikat ngasakngai.

Hi sakida rilak eina ithumna Jesuli khuisang phalungda Vareli ngasiklaga ashee kata eina tangda morei, makapha, khalata, kala khamathang hili ngasungra.

Mi akhana morei salui saluilaga ning mangateila Vareli kachikat ot sai chisa. Hikatha kachikat hi Varena makhuimi mara kaja Vare eina ani khangasik maleimana. Hina maram sada Laa kapimena kapihai, "Iningli morei kasa ningchangsi kaja Prohona makhuisangmi mara" (Laa 66:18). Vareli khangasik leihaikha ithumwui seiha mang maningla ithumwui kachikatla mathan thathup khuimira.

Vareli khangasik kakhui hi khalatawui mirin chikat kashapli lei. Pao kazata Paulna "I thichinga" da hangkaphat thada khalatawui mirin hi kachikat tharan mangli Vareli chingrihai ngasak shapa.

Ithum nala shitkasangwui chinao ngara bingli chingri eina ngasoshap khavai saphalungra. Jesuna Matthew 5:23-24li hanga, "Chiwui vang eina nana hangphutpamli nawui kachikat chikatkida leilakha nachinana nali makhamaya leili da phaningungkha, nawui chikat khavai chi hanphut mangali haisalu, hanunglaga rimeithuida nachinali mashitkhuifalu. Chiwui thili ralaga rachikatnaolu." Chinao ngara macha ngaroklaga kachikat ot hi Varena makhuimirar mana.

Ichina akhana ithumli makapha sahai lala mamaya khangai masala chingri haikhavai pheomiki kajina. Maram chalak kahai leilala ithumna mili tui mangaphat phalung mara. Hithada ithumna mi bingli chingri eina ngasoshap kahaiwui thili Mangla Katharana khamathan ngarumsang mida machiwui khangayam katha ngasaki kajina.

Kala machiwui khangayam hiya Vareli khangasik khaleiwui kakhalatna. Machi hi shamadru tarawui eina khuishoka, kala tara hi Varewui tuili chansam sai. Hithada machiwui khangayam hi leiching kaji thada Varewui tuila mangacheila leichinga.

Kachikat otli machi khamanatwui kakhalatva ithumna

makhangachei Vare chili shitsangda wuklung mira kajina. Hithada Vareli ningkashi khami tharan ithumli shasha, hangtharuk kala thumrara somira kaji hi thei phalungra. Mi kaikhana "Iva sokhami chili machihanla thada khamina" da hanga. Kha Varewui sokhami kapha bingli Varena ningyang unga. Hebrew 11li Mosesna Egyptwui awunga khangasa chi horhaida Varena miki kaji sokhami chili chihantha haowa chida kapihai. Jesu nala saman chili yangda krush tungli kachot kachang kakhang chi malai shapa. Mikumoli huikhami samphang khavai khangashan eina chiyakha sakashiwui tandi chi Jesuna phungshapa.

Khikha sami haoda khikha samphangra da kahon eina Varewui sokhami kahon ngatei. Saman maleilala mi akhana Varewui vangna chikha awui mirin chi mashivamla chikatshapki kajina. Thalala Varewui tui athishurda ringda Awui sokhami samphang thara kaji bingli Varena ningyang unglaka. Mi akhana yaosang kahai chi hatpapamra da Varena hangkahai thada sokhami kapha bingli ana mira. Shitkasang manga eina ithumna kachaikat ot kasa hi Varena ningyang unglaka.

4) Theishirai Kachikat Taikahai bing chi Aaron kala Awui Naongara bingna Kakhui

Sayur binga meili riktada chikatser kahaina kha theishirai binga kateokha chikat hailaga katai chi pangmon bingli mihaowa. Hiwui kakhalatva Varewui wungram van got sada khalei bingna chiwui saman samohang rana kajina. Hiwui otsak hi aruihon churchli otram ngathada khalei bingna sada khaleina. Galatian 6:6li hanghai, "Varewui tui tamkhui kahaiya china kapha ot chi awui ojali sakrumphalungra." Vareli rakachikat ot bing chi Varewui raona bing nala samphangrana.

Rikata kachikat eina ngasoda theishirai kachikatla mida Jesuna tamchithei kahai otram khangathawui mirin chili ithumna ringki kajina. Chiwui vang eina shitsangchao phalungra. Lairik hi kapa mi kachivana Varewui kaphaning athishurda ringlaga sokhami kachungkha samphangra kaji hi ina shitsanga.

Chapter 5

Ningyatchikat

"Kachikathana Proholi ningyatshar sei chikat akha, avalala, avalala achuk kapei sei pharanu"

Pangmonshi 3:1

1. Ningyatchikatwui Kakhalat

Pangmonshi chapter 3 hi ningyatchikatwui maramna. Hiwui kachikat kasali achuk kapei sa taithatlaga chiwui ashee chi hangphutli chairora, kala chiwui athao chi meili riktada nganam kapha anganam thada shokngasaka. Rikata kachikatwui apong thada salala apong kachungkhali ngateiroka. Mi kaikhana ningyatchikat hiwui maram mathei mada morei pheomi khavai kachikat kasana da phaninga.

Hikatha kachikat hiya Vare eina mikumowui ngachaili chingri kahai khangasik leikhavai kasana. Rikata kachikat sahailaga mi akhana Vareli khangarum leikahai tharan chingri kahai khangasik chi leikhavai hikatha kachikat hi leikhangasakna.

Pangmonshi chapter 2li ningkashiwui kachikat maramli kapihai. Ningkashi hili langmeida Sunday thang ithumna ningkashi kachikat leiluiya. Ningyatchikatwui kachikat hiya Vare ningyang ungkhavai mingarareo eina miki kajina. Hi shok khavai ithumna Varewui tui athishurda ringlaga kathara mirinli okthui phalungra.

Ningyatchikatwui matailak kahai maram akhava Vareli chingri eina khangasik leikhavai kasa hina. Hithada ithumna chingri kahai khangasik hi khuikhaleoda khamashung eina ringshap khavai pangshap mi, ithumwui kapo ngahankami, kala ithumwui tuingashit bingchi ungshung khavai Varewui lukhamashanla samphanga.

1 John 3:21-22li hanghai, "Chiwui vang eina leikashebing, ithumwui mashun makhuina makhamaya maleikha Varewui miktali ithum ningkhanganung lei. Awui kahang nganada ali ningyang ungkhangasakwui vang ithumna kapopo chi awui eina samphanga." Ithumli Vareli shitsang haira chikha chingri kahai samphangda pokhangai popaira. Hithada Vareli ningyang ungkhangasak tharan Ana kayakha ithumli somira khala phaning yangsa.

Chi wui vang eina ithumna theishira kachikat eina ningyatchikat khani hiwui khangatei hi theida ot saphalungra. Hithada ithumna Vareli ningyang ungkapai apong eina otrm ngathapaira.

2. Ningyatchikat

Pangmonshi 3:1li Varena hanga, "'Kachikathana Proholi ningyatshar sei chikat akha, avalala, avalala achukkapei sei pharanu." Ningyatchikatli yao maningkha meh kala ava maningkha alāna chi lala achuk kapei sa ngasa phalungra (Pangmonshi 3:6, 12).

Rikata kachikat liya achuk kapei ala sa khamina. Kaja rikata kachikat hina manglawui khokharum kala achuk kapei Varewui Nao Jesuwui maram ngasa haowa.

Kha khangasik kakhuiwui kachikat liya ava kala alana kaji wui tui malei mana, achuk peihaikha chimana. Hi Roman 5:1li hangkahaiwui athishurda kharana: "Ara shitkasangwui manga eina ithumli mashungmi haoda ithumwui Proho Jesu Christawui manga eina Vareli mashit ngasakhaira." Jesuna krush tungli Vareli khangasikwui ot hi kupsangmi haoda ava kala avāwui khangatei malei thumana.

Achuk kapei sawui khakhalat hina angangnao thada ning yaoya makachi chili chansam sai. Ngachang shida kala mina theikhavai sada machikat pailak mana kha mingairareo eina miki kajina. Hina huikhame ngaran khamiwui ningkashi phongkashokla ngasai. Kala kachikat khamiwui kakhalatva ithumli kalakashiwui eina kanmi khavai kala Awui kaphaning athishurda okthuishap khavaina.

Rikata kachikat eina Vareli khangasik khuikhavai kachikat khaniwui khangatei lei; khunu katha hi Vareli khangasik kakhuiwui kachikatli mamipai mana. Khiwui vang? Kayakha chamsa lala rikata kachikat hiya mi kachivana miphalungki kaji leihaoda khunu hi athumwui vang rikata kachikatli Varena maya khamina.

Chanjam sada shitkasang khangazana mi akhana Sunday serviceli rakaka chi Varena rikata kachikat akha thada khuimi shapa. Hithada rikata kachikatli kachama bingwui khunu chi Varena khuikhami thada shitkasang khangazana bingwui meeting kaka chi rikata kachikat thada Varena khuimi papama.

Kha ningyatchikat hiya salakra kaji maleimana, sakhangai bingna kasana. Hiya Vareli ningyang ungasakta ithumwui kapo khuisangmi khavai khamina. Chiwui vang eina aman teohaoda kakhalat mashok mara kaji leihaoda khunu hi ningyatchikatli mazang khangasakna.

Mi akhana kazat raimi khavai kachikatwui ot sangai chihaosa. Kathada sara khala? Khangaran sakazakta mira khangacha ningkashi khamiwui kachikat thada masapai mana. Hili mataimeikapta seivā katha chikatli kajina, kha khalei makhaleiwui athishurda simuk ava, yao maningkha mehla chikatpai, kha khunu hiya kateowa vanao ngasa haoda hikatha kachikatli mazangasak mana.

Kha kachikat hi pheisawui amanli pheisin sai kaji maningmana. Mi akhana wuklung ning tongda khangaran salaga khami tharan Varena khuimra. Vare liya wuklung hina nganam kapha won-nganam kathana.

3. Ningyatchikat Kasa

1) **Ningyatchikat Kasawui Sali Pang Parda Kachonsim Khamong Ngalemli Sakathat**

Rikata kachikatli sa chiwui tungli pang parda sakathat hina morei pheomi khavai kasana. Kha ningyatchikat kasawui tungli pang parda sa sakathat hina thao neokhamili kachitheina.

Ningyatchikatli Vare ningyang ungkhavaina chida pang parda sa sakathat hi phasawui apongli matang haipai mana, kha Mangla Katharana kasak khami chili yangki kajina. Chithakha Varena mathan thathup thao neomira.

Sa chiwui tungli pang parkahaiwui thili kachonshim chiwui khamongli sa chi sakathatna. Old Testamentwui atamli apam chili pangmon mangna zangda sa sathat sai. Kha Vare eina mikumowui ngachaili phaklang kathawui morei chi Jesu Christana sakhaimi haoda ara mi kachivana apam chili zangda Vareli chan ngazekpai kala khorumda khangasikla khuipai.

2) Aaronwui Naongara Pangmon bingna Hangphut Tungli Ashee Kachai

Pangmonshi 17:11li hanga, "Khikhala jila phasawui ringkhavai asheeli lei. Kala nathumwui mangla pheomi khavai ina hanphut tungli mikahaina, kaja kharing khaleiwui vang ashee eina morei pheokapaina." Hebrew 9:22 lila hanga, "Kachangkhata ainwui athishurda ot saikora ashee eina tharmi ngasak papama; kala ashee takhami maningla morei mapheomipai mana." Hina kachitheiva ashee manga mang eina morei pheomipai kajina. Ningyatchikat sada ashee chiwui mnaga eina Vareli khangasik khuiphalungra. Ara hi Jesu Christawui asheeli kahangna. Hangphut tungli ashee chaikharor wui kakhalatva Vareli khangasik khuihaora kaji kachitheina.

3) Ningyatchikat hi Mei eina Proholi Kachikat

Pangmonshi chapter 3li ningyatchikatwui vang seiva mang maningla yao maningkha meh katha kachikatwui maramli kapihai. Saikora hi ngaraicha haoda seiva kachikatwui maram mangli ithumna yangsa. Rikata kachikatli sa chiwui alik alak katonga Vareli chikata kaji hi ithumna thei. Hithada rikata kachikat hina mangla eina khokharumwui kakhalat kachithei ngasa haida saikora meili thotkata ngasai.

Kha ningyatchikat liya sa chiwui asa katonga machikat mana. Pangmonshi 3:3b-4li kapihai, "Prohowui vang ningyatshar rikata chitharan akharikharali khangathan athao kala chili romkashan athao saikora chikatra, amakei khanili kharoma ahanthao eina ngasoda kala amathin amalung saikora chila zangda phara." Hiwui athao hina nganam kapha anganam shok khangasakna.

Vareli khangasik khalei hi mikumo lila khaleina. Mikumo ithumwui ngachaili chingri eina leikha mapung kapha Varewui naongara ngasai (Matthew 5:46-48).

Vareli phaphaya khavai sathao chi khuishok kahai eina pangmon bingwui sa chi katat khuimi. Ithumna Pangmonshi

7:34li kapa samphanga: "Khikhala jila ningyatshar chiwui asai eina aphei chi Israelnaowui eina ina matharkhui kahaina, kala chi Aaron eina anaongarali mikahaina, hi Israelnao bingna miching phalungki kachi otna." Pangmon bing wui vang theishirai ngayarkhami thada pangmon kala Levite bingwui vang ningyat chikatwui eina sayar chi khuimi.

Hi New Testamentwui atam lila ngaraichai. Vareli khami kachikat ot saikora chiwui manga eina Churchli ot kasa bingna okthuiya. Pangmon bingwui sharuk khuikahaiwui thili katai bing chi Vareli phakaphayana. Hithada ningyatchikat khami bingli Varena mayamida somi.

4. Athao kala Asheewui Maram

Sa phakaphaya kachida pangmon china chiwui ashee chi hangphut tungli chairor chinga. Sathao bing china Vareli chikata nganam kapha anganam ngasa ngasaki. Old Testamantwui atamli sathao kala ashee hiya mirinwui kakhalat ngasa haida chiwui mi bingna mashaimana. Ashee hina mirinli chansam sai kala thao hina phasawui mirinli chansam sai. Hithada athao hina mi bingli mathada ringshap khavai pangshap mi.

Sathao hiwui mangla kakhalat khikhala?
Sathao hina mapung kapha wuklungli kachitheina. Hithada

sathao kachikatwui kakhalatva ithumwui khalalei katonga khamina kajina. Ningkashiwui kachikat manga eina Vareli ningyang ungkhangasak thada ningyatchikat khami eina ngasoda ithumwui wuklung Vareli khamina da kachitheina. Mi akhana makapha ot sakahai tharan Vareli khorumda wuklung ning tongda hangphata. Chili kachikat hi ngayurda Varena pheomi ngasaka.

Morei pheomi khavai chiwui kachikat ngateida khaleina. Kha mi kaikhana chi masalala pailak kahai apong eina ningyatchikat sada Vareli ningyang ungasaka. Chanjam sada nao akhana avavali ning kazangasak kahai tharan 'yonhaira' da mahang lala khikha sada avavali ningyang ungkhangasak eina nao chiwui makapha makhaya chi pheomi.

Langmeida sathao china seiha kasa kala Mangla Kathara chipem khamili chansam sai. Matthew 25li thangkhamei shanao phangana thaora khuiphungda agahara ngarali vasam kaphang kala mangkhama shanao phangana khikha makhui phungla vasam kaphangwui maramli kapihai. Hiwui thao hi seiha kasa kala Mangla Kathara chipem khamili kahangna. Ithumna seiha sada Mangla Kathara chipem khami manga mang eina ithumwui Proho chili honda samphang shapra.

Ningyatchikat hi eina seiha ngayurda Vareli ningyang ungasaki kajina. Kha ithumna chumlak eina masala Prohona Gethsamene yamkuili seiha sada ashee khangayi thada panglak eina saki kajina. Hithada seiha kasa eina ithumna moreili ngasung shapa kala Mangla Katharawui chipem khami chi samphanga. Ningyatchikat khami eina Varena ningyang ungda somi kala seiha ngahankami.

Ningyatchikat hi shitsangchaoda khami eina ngasoda Varena ithumli kanmi yangmi chingki kajina. Hi seiha eina ngasoda sara. Hithada ithum nala Vareli ningyatchikat hi khami thara Mangla Kathara chipem khami samphangra, Varena seiha ngahanka mira kala sokhami mirin ngasara kaji hi ina shitsanga.

Chapter 6

Morei Kasawui Kachikat

"Israelnao bingli hanglu, Prohona masapaimara da kasokahai chi kachi kathana matheimada sahai akha, kasapa chi thao neomi kahaiya pangmon ngasa akha, ana yaruili yonkhangasakna. Chieina ana morei sakahai chiwui vang suihamshar sakhavai achukapeiya mukva akha Proholi khuira ranu"

Pangmonshi 4:2-3

1. Morei Kasawui Kachikat Ayur

Jesuli shitkasang kala awui ashee manga eina ithumwui morei chi pheomida huikhami samphang ngasaka. Kha ithumwui shitkasang chi mashunga kaji kachithei sada khamor mang eina maningla otsak eina ot saki kajina. Hithada ithumwui shitkasang hi otsak ngayurkha Varena theimida ithumwui morei pheomi.

Shitkasang manga eina ithumwui morei kathada pheomi ngasakra khala? Varewui naongara binga kahor lungli okthuida morei masalak mana. Kha phaklang kathawui morei chi leida mapung kapha nao akha masarar thukha chi theida ningatei phalungra. Hi shuihamshar eina ngasoda saki kajina.

Morei kasawui kachikat maramli hangkahai Varewui tui.

Morei pheo khavai kachikat hi shitkasang kala Varena khami saran ot khalei chiwui athishurda ayur ngatateida lei. Pangmonshi chapter 4li thao neokahai pangmon, yarui kala kathanna akhawui morei vang phakaphaya kasa maramli kapihai.

2. Thao Neokahai Akhawui Morei vang Phakaphaya

Pangmonshi 4:2-3li Varena Mosesli hanga, "Israelnao bingli hanglu, Prohona masapaimara da kasokahai chi kachi kathana matheimada sahai akha, kasapa chi thao neomikahaiya pangmon ngasa akha, ana yaruili yonkhangasakna. Chieina ana morei sakahai chiwui vang suihamshar sakhavai achuk kapeiya mukva akha Proholi khuira ranu.'"

Masalu da Varena ningmi kahai chi mathei mada sakahai maramli Bible pam kaikhali samphangda lei. Hikatha hi Varewui ain kaikahaina kajina.

Khare atamwui pangmon kala aruihon atamli Varewui paokapha hakashoka mi akhana ain kaikahai atam tharan kathiwui saman chi leipapamra. Hikatha mina morei sakahai chi mathei mada kasani lala hakmaha laka.

Kala hikatha mina tamkachithei katonga yaruina khuilaga ot sada khaleina; makhamashung tamchithei kahai hi Varewui kaphaning kaikhangasakna kala churchli phei ngaphok khangasakna. Varena 'tharlu makapha masalu' kala 'mathahai lakla seiha sachinglu' da hanghai. Hili yao kahoma akhana 'Jesuna ithumli morei pamwui eina kanmi kahaina. Chi wui vang eina ithumna meeting kada leilakha eina tangda huikhami samphangra' da tamchithei haikha khi shokra khala? Matthew 15:14li "Khangapeo akhali khangapeo akhana thanakha khanini khorchopli tazangra" hangkahai thada yao kahom chiwui morei chi hakmaha laka. Hithada pangmon akhana morei sakahai tharan suihamshar saphalungra.

1) Rikata Kachikat Thada Suihamshar Kasali Seiva Kachikat
Thao neokahai pangmon akhana morei sakhai tharan yaruili phei ngapok khangasakna kaji hi thei phalungra. 1 Samuel 2-4li Eliwui nao ngarana morei sakahai tharan khi shok-hao khala kajiwui maramli kapihai. Rai sada Philistine naona Eliwui nao bingli sathat haowa kala Israelwui shipai 30,000 thihaowa. Ningkhami Oko eina tangda khuithui haoda Israelnao katonga chotkhuiya.

Chiwui vang eina morei chi pheomi khavai achuk kapei seiva kachikatna. Kachikatwui ngachaili avā katonga hi Varena ningyang unga, kha seiva khami hina mataimei thuiya. Kachikat khami tharan mingairareo kala khamathan eina khamina maningkha Varena ningyang maungmana.

2) Suihamshar Kasa
Pangmon china suihamshar sakhavai seiva chi khuiralaga chiwui atungli pang parda sathatlaga awui pangmareng china chiwui ashee chi khuida shini shida Prohowui mangali khayita (Pangmonshi 4:4-6). Seiva chiwui kuitungli pang kaparwui

kakhalata mikumona sakahai morei chiwui saman sei chili mikahaina kajina. Hithada morei kasapa china pheokhami chi samphang haowa.

Khangacha kachikat hi ayarli kasana kha pangmong china suihamshar sakhavai katharawui kathara apamli zangda kachikat ot salaga ashee khayitzata. Hithada kasa manga mang eina yarui kala mi akhawui morei chi pheomiya. Pangmareng hina ashee rurkakhui hina morei pheokhamiwui kakhalatna. Kala china kachitheiva morchai mang eina maningla wuklung ning tongda ningateira kajina. Shini shida ashee kakhayit hina tharmichao haira kajina.

Pangmon china hangphutli khalei angazee chili ashee sangda Prohowui mangali chaivai (Pangmonshi 4:7). Hiwui hangphut hi nganam kapha anganam thotkhavai ngaran kahaina. Laga angazee hina Biblewui athishurda pangshap, awunga kala Vareli kahangna (Phongkhami 5:6). Hithada chiwui alungli ashee kasangwui kakhalata Varena kachikat ot chi khuimi haira da kachitheina.

Varena khuisangmi kapai apongli ithumna kathada ningateira khala? Rikata kachikat kasali pangmareng hina ashee chi chaivalaga morei pheomi ngasaka da rida hanghaira. Hi wui thili ithumna kathara shimli valaga morei chi vahangphatki kajina. Varena khuisangmi khavai kasali ashee chi angazeeli heikasang thada ithumna seiha salaga Vare mangali vara. Chili khuktilaga Proho Jesuwui mingli seiha sara, laga ningateishap khavai Mangla Katharali ngakaora.

Ithumna kathara shim chimangli ningateipai kaji maningmana. Ithumna makapha sahaira kaji theikhaleoda ngalangda ningatei khira. Kathara shimli khava kaji hi Prohowui zimiksho thang meeting kakali kahangna.

Old Testamentwui atamli pangmon mangna Vareli chan ngazeksai, kha aruiva mi kachivali Mangla Kathara ngayin haokida mi kachivana Vareli seiha sada hangphatpaiya. Seiha sada ning khangatei hi Mangla Kathara eina ngasoda sara. Kha seiha kasa hi meeting kaka manga eina mapung phangasak kaji hi mamalaipai mana.

Meeting makaka mi hi Varewui naona machipai mana, kala ana ningateida seiha salala mapheomi mara. Khalata yonhaira kaji theida ning khangatei tharan Varena khuimi, kha meeting kalaga saphalungra.

Angazee chiwui alungli khalei ashee chi rikata hangphutli heirora. Hiwui kakhalata ithumna kathuka apong eina ning khangateina kala mirin kanmi khavai kasana kaji kachitheina.

Kaja Varewui miktali morei sakahai chiya wuklung kala ning tongda ningatei phalungra. Hithada ningatei kahai mi chiva ngarai kacha morei masalui mana.

Pangmon china rikata kachikatwui seiva chiwui athao bingchi khuilaga hangphut tungli rikta haira kaji eina ayar shoklaga phasa katonga chi meili shokriktai (Pangmonshi 4:8-12). Nganam kapha meikhut kachikatwui kakhalata makapha chi maleiluila khamashungna munghaira kajina.

Ningyatchikatwui eina athao khuikashok thada tikata kachikat chiwui einala athao chi khuishoklaga meili riktai. Hithada kasa manga eina mi akhana sakahai morei chi pheomi.

Khangacha eina rikata kachikat kasali sa chiwui alik alak katonga meili riktalaga khiwui vang suihamshar kachikat kasali sathao kala amakei khani hi marikta thukhala?

Rikata kachikat hiya mangla eina Vareli khokharum kala khangasik kakhuiwui kakhalat ngasa haida chiwui sa katonga chi hangphut tungli meili rikatana. Kha suihamshar kachikat hiya makathar morei pamwui eina ithumli kanmi khavai kasa ngasa haida shimlungli maningla yayarli rikatana. Hithada aruihon atam lila ithumwui langkasao, ngakaikashi kala okathuiwui ningai saikora hi Mangla Katharawui meina chuita ngasaki kaijina.

Aruihonwui atamli ithumna khi sara khala? Hangphut tungli seiva phakaphaya eina Jesuna thikhami maramli ithumna rida theihaira. Ithumla Vareli ningateilaga wuklung ning kala mirin katonga chikata kadhar mirin onkhuiki kajina. Prohowui mahut sada churchwui mi bingli ithumna otram ngathara. Church mi bingwui kachot kala ringkapha chili sharuk khuida athumwui mirin khangachei chili ngachonra. Hithakha ithumwui otsak Varena khuimida somira.

1 Peter 2:9, "Kha nathum kapangkhui kahai miyur, wungnao sharva, kathara yur, Varewui mibingna" da hangkahai thada ithum katonga hi kathanna mi avava masasa lala Proholi shitsangser haoda Varewui naongara ngasaser kahaina.

Kala ithumwui morei pheomi khavai suihamshar kasa hi ning khangatei ngasara. Kachichana sakahai makapha ot chi theida Vareli ngarei unglaga ningatei khuira.

3. Yarui Saikorawui vang Suihamshar

"Yarui katongana yonhaida mibingna mathei akha, kala Prohona masalu kachi chi sahaida yonhai akha, athumwui morei chi phongkashok chitharan yaruina mukvanao akha suihamshar sakhavai chikata Tabernacleli khuirara" (Pangmonshi 4:13-14).

Yaruiwui morei kaji hi aruihonwui atamli hangsa chikha churchwui moreili kahangna. Chanjam sada churchwui kathanna kala deaconwui alungli macha khangarok eina church alungli ngakai khangarok hi leida lei. Hithada party chiwui alungli tui ngaphat ngarokta morei sakhui.

Varena akha eina akha malung khanim eina leishi ngaroklu kala ngachon ngaroklu da hanghai. Kha Prohowui yaonao alungli ngakai ngarokta mamaya khangarok hi kayakha kakhayak otkhala? Hi shok-haikha khikha kalakashiwui eina Varena makanmi mara kala ot kasali athei mamathei mara.

Thakha yaruiwui morei chi kathada pheomi khavai sara khala? Achalakhava morei chi theihaikha seiva phaphayalaga morei pheomi ngasaksai. Ararnao bingna kachikat seiva chiwui akuili pang parserlaga kachikat ot sai. Pangmon akhawui morei pheomi khavai kachikat eina yaruiwui morei pheomi khavai suihamshar kasa ngaraichai. Kaja moreiyur khani hi ngaraichada haksera.

Kha pangmonwui morei pheomi khavai kachikat hiya achuk kapei seiva ngasara, yarui wuina achuk kapei makapeiwui tui maleimana.

Aruihon atamli yaruina morei kasawui vang ningateisa kaji tharan kaikhana shitkasang vathaida masa khangai leikapra.

Hina maram sada achuk mapei lala Varena lumashan mida khuisangmi. Mi kaikhana ning mangateirar lala chungkhamei mina ningatei haikha Varena morei chi pheokhamina.

Yarui katongana phaphayaki kaji sa chiwui kuili pang mapar lala khararnao bingna yaruiwui mahut sada parlaga kachikatna. Kha kachikat maram kateiva ngaraichaya. Pangmon china pangmareng eina ashee chi rurkhuilaga hangphut tungli shini shida chairorda meina riktai. Saikora hiwui kakhalata morei chi pheomichao haira kajiwui khudamna. Ithum nala Jesu Christawui mingli seiha salaga ningateira, laga Mangla Katharawui manga eina ithumwui nng khangatei chi khuisang mira. Hithada ithumna khoka sada ningateilaga morei chi pheomi haira chikha chikatha morei chi masalui laki kajina.

4. Kathanna Akhwui Morei Pheokhavai

Pangmonshi 4:22-24 kapihai,

"Ngalei khangaka akhana morei sahai akha, awui Prohona masalu kachi ot akha sahaida yonhai akha, kala khayon chi a khalatta theihai akha, achukapei meva akha suihamsharwui vang khuirara, Kala mekui tungli apang parda Prohowui rikata hanphut taithat khavai pam chili taithatra."

Pangmonwui azingli khalei kathanna akhana morei sakahai tharan mehva akha chikatra. Mehva hi seivali teokhameina kha yaruina chikat khangarok meh ava liya aman sakmei.

Aruihon atamli hangsa chikha kathanna kaji hi church akhawui alungli otram ngathada khalei Sunday schoolwui oja kala cellwui kathanna bingli hangpai. Athuma mi katei mathala kapangkhui kahai misera. Yarui katei eina ngasoda morei sangaseng senglala athumli sakmeida bichar sai.

Athumwui morei hi achalakhava khararnao bingna sa chiwui kuili pang parlaga Varewui mangali phakasana. Pangmong china ashee chi chai kala angazee chiwui ashee chi meili riktalaga chiwui anganam chi shokngasaklaga morei chi pheomi. Ningyatchikat thada sathao chila meili riktada chiwui meikhut chi kazingramshong kangasaka.

Pangmon bingwui thada masala kathanna akhawui morei vang eina kachikat kasa chiya ashee chi shini shida machai mana kha shimlungli kupsang kahina. Kaja pangmonpa chiwui shitkasang eina kathanna khaniwui shitkasang chi ngatei ngaroka. Pangmon china ningatei kahaiwui thili morei masalui laki chihaoda awui kachikat kasali ashee chi shini shida chaikhavana. Hi manglawui mapung kapha mashingna.

Kathanna chiya atam akhali morei salui kapai leihaoda ashee chi shini shida chaikhava darkar masamana. Hi mi akhawui shitkasang athishurda Varena lukhamashan kachitheina.

Pangmon hina akhava akhana kala kathanna hina yaruiwui otram khangatha mi akhana. Hi churchwui alungli otram ngathada khalei bing mangna morei kasa tharan kachikatwui ot sara kaji maningmana, kha khangacha mi akha lila awui shitkasang athishurda Varena kachikatwui ot sangasakra.

Akhava akhali Varena saran ot mida yao homngasaka. Kha cellwui kathanna kala Sunday schoolwui ojana chilala shitkasang mapung mapharang eina tangda khangacha mi akha eina ngaraichai. Hithada akhava, kathanna kala khangacha mi hiwui shitkasang hi ngateiser haokida morei chiwui saman ngatci kala ning khangatei wui apongla ngatei sera.

Hiwui kakhalata khangacha mi akhana morei salui saluida thada ning ngateipai shona kaji maningmana. Thatheilaga morei kasa chiya mapheo mipai mana, kha matheila morei sakahai tharan chi theida ning khangatei bingli pheokhamina. Langmieda morei masaluilak mara da Vareli ning khangatei mangli Varena pheokhamina.

5. Mi Saikorawui vang Morei Kasawui Kachikat Kasa

Yarui maningkha church member bingwui shitkasang hiya teolaka. Chiwui vang eina yaruiwui vang kachikat kasa liya akhava kala kathanna akhawui morei pheomi khavai kachikat kasa hina sakmei khara. Khangacha mi akhawui vanga avā maning lala achuk kapei yao ava akha kachikat hi shapa. Akhava kala kathanna akhawui kachikat kasa thada pangmon china khangacha mi akhawui morei vang kachikat kasa tharan ashee chi chaira kala angazeewui ashee chi hangphut tungli heirora.

Khangacha mi akha hiya awui shitkasang ngazan haoda naoda morei salui kapai leihaoda ana ning khangatei tharan Varena lumashan mida pheomi. Shitkasang khangazan bingna morei kasa hiya mapung phakahai akhava akhana morei kasa hi sakmei kharda khui. Chiwui vang eina sa avā kala ava chikat khangasakna. Hiwui kakhalata mi akhana pailak eina ningatei paiya kaji maningmana.

Shitkasang khangazana mi akhana horzak kahai morei masalui mara chida ning khangatei tharan morei chiwui saman chi suita ngasakta pheomi. Otsak khangayur ning khangatei hi Varena khuisangmi. Shitsang thathar kaji mina chilala morchai mang eina hangkaphat hiya Varena makhuimi mara.

Shitsang thathar kaji mi akhana morei sahaira kaji theida ning khangatei hi Varena ningyang unglaka. Mi akhana ningatei haikha shap haira da mapamhai pai mana; ningatei kahai mi akhana seiha sashon phalungra, meetingla kashonra. Hithada ana Varewui sokhami chi samphang kapaina.

Mi akhana meh ava akha mamirar mada yao mira chi lala chi achuk kapei ngasa phalungra (Pangmonshi 4:32). Kachama bingna khunu mingarok kala chamkot kahai bingna mathir sakhuilaga mingaroka (Pangmonshi 5:7, 11). Hithada mashunwui Varena shitkasangwui athishurda ithmwui kachikat khuimida morei pheomi.

Kachichawui shitkasang kala otwui athishurda ithumna kathada kachikatwui ot salaga morei pheomida kala Vareli khangasik khuida ringra khala kaji maramli theikazak haira. Lairik hi kapa bingna khalatawui shitkasang kala ot chi theida morei sakhai leikha ningateilaga Vareli samphang shapra kaji hi ina shitsanga.

Chapter 7

Khayonshar Kachikat

"Prohowui kathara otli kachikathana yonda sangwuihai akha, khayonshar sakhavai achukkapei yaova akha chikatranu, chiwui aman lupachuk nana sakhuilu"

Pangmonshi 5:15

1. Khayonshar Kachikatwui Khamataiya

Khayonshar hi khikha akha sayon kahaiwui vang khami kachikatna. Achalakhawui atamli mi bingna khikha akha sayon kahai tharan hi mida ningateiya. Ot chiwui athishurda ning khangatei mang maningla ot sayon kahai pawui saran saphalungra.

Chanjam sada mi akhana mi akhawui ot sakhaimi haowa chisa. Hili mipa china 'I yonhaira' kaji tuimang mahangpai mana. Ning khangatei mang maningla awui ot chi runmi phalungra. Horzak kahai ot malei thukha ot chi hiyakha mirana kajiwui athishurda pheisa einala maningkha ot einala miphalungra. Hi khamashung ning khangateina.

Khayonshar kaji hi khikha sayon kahaiwui vang chingri haikhavai kasa otna. Hi horzak eina Vareli sai. Ithumna chinao ngarali khikha ning khangatei thada Vare lila sayon kahai chiwui vang ningatei phalungra.

2. Khayonshar Kachikat Maram

1) Matui phapha kahai
Pangmonshi 5:1li hanga, "Yaruili khonkashi kala mashat tui kahang shalaga, theilaga kachikatha akhana thumhai akha chi

awui moreina." Khamashung tui mamatuila matui phapha kahai maningkha yonda hangkahai leikapa.

Chanjam sada nathumwui nao akhana khikh akha sayon kahaiwui vang tukhui haowa chisa. Hili na mashun eina nganing shaprala? Nathumwui nao chili kankhavaina chida khamashung tui makhamatui lei. Hili mina mathei lala Varena thei.

Hithada mi kachungkhana makhamashung shakhi mizata lei. Kaikhana athumwui tui chi mashung lakada nganinga. Hikatha bichar hina khikha khayon makhalei pachi chotkhui. James 4:17li kapihai, "Kapha saki kaji thatheilaga makasa chi moreina." Khamashung katheiya Varewui naongara binga khamashung sakhi mida mi bingna tamkhui shakhui khavai sangasak phalungra.

Wuklung hili kapha leikha apong kachivali khamashung tui matui shapa. Khipa khali makhamashung tui matuida ning masaza ngasakngai mara. Kachikatha mi akhana makhamshung sakhi mikahai leihaikha mipa chi khayonshar miphalungra.

2) Makathar Ot Sakaza

Pangmonshi 5:2-3li hithada kapihai,

Kala kachikathana makathara ot thikahaiya, makathara

sa ranu, shakei ranu, ngawokazatyur ranu, makathei eina sazahailala, kala makathar mili sakaza eina matharmana da matheisalala naoda theihai akha a yonhaira.

Hili hangkahai 'makathar ot' hi makhamashung katongali kahangna. Mik eina kathei kala makathei makapha saikora chi makatharna. Morei maninglapai da theikakhui lei. Kha khamashung theikahaiwui thili chi Varewui miktali makhamashung ngasasai. Chanjam sada ithumna Vare matheirang lakha khikha maning mara chida pornography hi yangpamsai. Kha Jesuli khuisang kahai tharan chi makathar otna da theikhui haowa. Hikatha hi ithumna sada leisakha khayonshar mida Vareli ningatei phalungra.

Jesu Christali khuisang hailala kachi katha atamli matheila makapha sakahai ngavai. Hi atamli ithumna khayonshar khamiwui mahut sada Vareli ningatei phalungra.

3) Tuingashit Kasa

Pangmonshi 5:4li kapihai, "Mi akhana kaphalapai kashilapai saphalungra da hanglap shokhailaga, maphaning kazakla hangkahaina kachi naoda theikhui akha a yonhaira." Kaphawui vang ranu maningkha zakashiwui vang ranu Varena ithumli tuingashit masa ngasakngai mana.

Khiwui vang eina tuingashit masangasak khangai khala? Mikumo hiya 100% mamayon kharar hi leihaoda hi masangasak ngai mana (Matthew 5:33-37; Jame 5:12). Mapung kapha mi maningkha khipa khali tuingashit masa ngasakngai mana. Langmeida tuingashit chi maungshung khavai Satanna ot sahai kapai lei. Chanjam sada 'Aja I hi sara, akhama chi sara' da tuingashit sahailaga kasuirak thihaowa chisa. Thakha tuingashit chi kathada ungshungra khala?

Chiwui vang eina zakashi sakhavai khipakhana tuingashit masaki kajina, kala kaphawui vangna chilala seiha kasa hina vaira. Tuingashit masala ili ngachon milu "I chi sangai" chida seiha saki kajina. Hithada kachi kathana tuingashit sakahai leikha ngalangda Vareli ningateira.

Achalakhawui atamli hikatha makapha kala morei sakahai tharan mipa china khayonshar sai. "Kala Prohowui mangali khayonshar sakhavai yao nilala me nilala ala akha khuirara, chieina pangmonna morei chi tharmikhavai sara" (Pangmonshi 5:6).

Morei kasa kala khayon ot kasa khanini hiwui kachikat leisera. Morei sahaikha chiwui vang ningatei kala ning khangatei mang maningla saran otla sara. Hi ngaraicha eina khayon ot sakahai tharan lila sashoimi kahai chiwui vang mipa chiwui saran chi saphalungra.

Hithada Vareli ning khangatei mang maningla khayonshar chi kachikatna. Mathei mada khikha akha sayon kahai tharan Varewui nao sada kazingramli khaleiva Ava chili ningateira. Shanao akhawui ot amei pana khuimi haowa chisa. Hili ameipa china ningatei haoga kaji tharan rilak eina awui wuklungwui kakharam chi chithit-hai faki kajina. Chi eina shanao china pheomira. Laga khamor mang ning mangateila khuimi kahai ot chi runmi phalungra. Hithada shiman kahai kala makapha sakahai chiwui maram saikora chi ning khangateina hiwui manga eina pheomkhami samphanga.

Pangmonshi 5:6li rikata kachikat kala khayonshar kasali yao maningkha meh ava chikatlu da Varena kaso hai. Kala chi mamirarkha khunu kathala rikata kala khayonsharwui vang chikat paira da kapihai.

Khunu hi kachikat khani hiwui maramli kathada mayamihao khala? Rikata kachikat hina kathara zimiksho khamayonli kachitheina – Sundayli meeting kaka. Khayon ot kala morei sakahai tharan kachikat ot kasa eina ngasoda Prohowui zimikshola mayon phalungra. Morei sakahai tharan ngalangda phaningkhuilaga 'I yonhaira' kaji hina mishap mana, kha morei hangphatlaga chi masalui mara chida Vareli ningateira. Hili mapung kapha ning khangatei hoi.

Kachi kathana khunu machikatrar thukha liter 22 maningkha gallon 5 shikhawui mathir chikatpai. Kachangkhatva morei kasawui kachikat hiya sayur ngasaki kajina. Kha Varena lumashan mida khachamnao bing liya mathir kachikatwui manga einala athumwui morei chi pheomi.

Morei kasawui rikata kachikatli mathir kachikat eina theishirai kachikatli mathir kachikat khani hi ngatei ngaroka. Theishirai kachikatli nganamkapha frankincensela zanga kha moreiwui rikata kachikat liya chi mazang mana. Khiwui vang khala?

Mathirli frankincense makhamanat hina manglashong eina hangsa chikha ningatei khangaiwui ningpam eina Varewui mangali khara hili chithei. 1 Wungnao 21:27 awunga Ahabna Vareli ningatei. Chiwui maramli hithada kapihai, "Zaikora hi shalaga wuk khanangna haida kachon serkhaklaga pora ngavaipi ngavaipama." Ning khangateili mi akhawui wuklung serkakhai eina malung khanim shokngasaka. Hithada ana khi hangda lei kala kathada ningateida leikhala kaji saikorala theishapa.

4) Achina Khawui Maningkha Kathara Ot Sashimanmi Kahaiwui Morei

Pangmonshi 5:15-16li kapihai,

Prohowui kathara otli kachikathana yonda sangwuihai akha, khayonshar sakhavai achukapei yaova akha chikatranu, chiwui aman lupachuk nana sakhuilu. Chili langda kathara ot sashimanmi kahai chi ana runphalungra, chiwui tungli sharuk phangawui akha mataida pangmonli mira; kala pangmonna khayonshar yao chicina ngasoda ali tharngasak mida, pheomira.

'Prohowui kathara ot' kaji hi kathara shim kala chiwui alungli khalei ot katongali kahangna. Vareli kachikat ot akhala khuida mayor luipai mana, kaja chi tharchikat kahai otna. Kala kathara ot kaji hi ot mangli kahang maningla Vareshim chilila kahangna. Vareshim kaji hiya Varewui ming haikhavai apamna.

Vareshimli okathuiwui tui mamatuipai mana. Kala naongara bingli akhon mashok khavai kala chiwui thongthang masakhai khavaila hangmachinra.

Mathei mada Varewui ot akha sakhaimi haikha mipa china chili matha khamei ot akha kong phalungra. Langmei kharda ot eina runkhami maningla ning khangatei eina ngasoda khayonshar miphalungra. Hi Varena hangkazak kahaina. Hithada ithumna kathara apamli kapam tharan ningasharki kajina. Ithumna pairekta kachi katha ot akha sakhaimi kahai tharan thuklak eina ningateira.

Pangmonshi 6:2-5li "kachi kathana awui khongnao naona ali chishin haikasa ot minam khuihaikha, lah ngapaikhui haikha maningkha awu khonganiali sakharata morei sakha, lah shiman kahai ot samphanglaga kapikta maikhanam sakhi sakha - hangda khalei bing hili ana morei sakha", da hangkahai thada pheokhamiwui apong leisera. Morei sahaida Vareli ning khangatei kala miwui ot khuimi haida ning khangatei hikatha hi khaleina.

Hithada mipa chili ithumna ot akha vamida ningla ngatei phalungra. Ot hina ning katharwui khudamna. Hiwui thili Vare nala pheomi. Thuikahai atamli sayon kahai saikora chiwui horzak kahai ot eina mami kapai lei. Hikatha leikahai tharan mipa china awui mirinli mikashap pheisa atam kachivali chikatshap khavai saphalungra. Pheisa hina kazing wungram reisang khavai apongli shichinra. Hanglaksa chikha hiwui pheisa hiya kachamnao bingli yangmi khavaina. Hithada mipa chili Varena awui morei chi pheomira.

Ot sayon kahai kala morei sakahaiwui kachikatli ning

khangatei hina khamataiya. Varena sa kachikat maningchang mana kha wuklung ningkachangna (Laa 51:17). Chiwui vang eina Vareli khokharum tharan morei sakahai chiwui vang ningateilaga kapha athei mathei ngasaki kajina. Hithada sada Varena nathumli ningyang ungra kala nathumwui kachikat chi Ana khuisang mida sokhami mirin ngasara kaji hi ina shitsang chaowa.

Chapter 8

Phasa kala Kathara Kachikat

"Chiwui vang eina ivanaongara, Varena ithumli tarakha lumashankhamiwui vang ina nathumli hi poli kaja nathum khalata Vareli ringchikat sada chikatlu, otram khangathali dharchikata ali ningyang ungngasaklu. Hi nana chikatkhangayiya khamashunga khokharum chilaka"

Roman 12:1

1. Solomonna Thingthing Kachikat kala Sokhami

Solomonna zingkum 20 kaka eina awunga saphoka. Ana maran Nathanwui azingli rarkada Vareli khangachee mi akha ngasai, kala avava Awunga Davidwui wungpam khong chi ana samphanga. Hithada ana awunga sahaira kaji eina Vareli thingthing eina kachikat ot sai.

Thingthingwui kachikat ot kasa hi kapai ot maning mana. Old Testamentwui atamli kathada kala apam kali kachikat ot sara khala kajiwui maram kachungkha lei. Langmei kharda mi katei thada masala awunga Solomonwui kachikat apong hi ngateihang kahaina. 2 Thotrinchan 1:2-3li hanga, "Raimi thingthing kathanbing, kala bichar-kasabing, Israelwui kathanbing, shang-shangwui akhavabing, kala Israel zaikorali Solomonna ngasanyang sera. Kala Solomonli ngasoda Israelnaobing saikorana Gibeonwui kaphung kachui chili kai; kaja Prohowui rao Mosesna lamhangli sakakhui Varewui kazipshim chi apam chili haisa chinga." Mosesna Vareshim chi Gibeon kaphung lamhangli sakasa haida Solomonna apam chili vai.

Awui praja bingli ngasovalaga ana gori eina sakahai hangphut pamli thingthing eina kachikatwui ot zangsai. Rikata hangphut sada nganam kapha anganam shok khangasak chi mirin tharkachikatwui kakhalatna da rilak eina hanghaira.

Chithang ngayawui mangli Varena Solomonli rada hanga, "Ina nali khi mira khala polu" (2 Thotrinchan 1:7). Solomonna ngahankai,

Ishava Davidli nana makhagachei leikashi chitheimi kachangkhata; awui mahut ili awunga sangasak haira. He Proho Varivara! Ishava Davidli ngashitmi kahai chi ungshung milu, kaja okathuiwui chifali ngayada khalei mibingli mungkhavai nana ili awunga sangasak haira. Athumli mashun eina nganaothei khavai, khangashok-khangakhang theishapa thangkhamei iningli sangmilu; chi maning akha mi hiyakhali ina kashongkhava mungrara khala? (2 Thotrinchan 1:8-10).

Solomonna sina lupa lan kala okapei mirin mapo mana. Kha praja mi bingli nganaothei khavai awor mang poi. Hi theida Varena ningyang ungna haida awor mang maningla sina lupa kala pangshapla ngarumsangmi haowa.

Varena Solomonli hanga, "Thangkhamei awor nali sangmi haira. Chili langda, lanla, sina-lupala, khangam-khareila ina ngarumsang mira; hiyakha sokhami, nawui mangali awunga khipakha mashoklak mana, naodala mashoklui mara" (v. 12).

Varena ningyang ungkapai apong eina ithumna khorumda kachikat khami tharan ithumli somida khamahai mirinli okthui ngasakra.

2. Tabernacle Atamwui eina Thuida Templewui Atam

David awungana wungpam khongli pamda leilaga awui ningli chingri makaji akha lei. Chiya Vareshim maleisa thuwa. Davidna kachon shimli pamzata chili Ningkhami Oko haikazat chi maringphalak thuda Vareshim sakara da phaningsai. Kha ana mi bingli rai sazata ashee tangasak kahaiwui vang Varena shim chi ali masaka ngasak thuwa.

Kha Prohowui tui ili rahanga, kaja, 'Nana ashee kachungkha tangasak haira, rai kachungkha ngarar haira; okathuili ashee chungna tangasak kahaiwui vang nana iwui shim masakapai mara" (1 Thotrinchan 22:8).

Kha Varena ili, "Nava raikathata mina, chieina iwui shim masapai mara chihaowa" (1 Thotrinchan 28:3).

Hithada ana shim chi masakarar lala Vareli khaya shida kahang ngana chinga. Awui nao Solomonwui atamli sakashap khavai ana sina, gori, aman kasa ngalung, cedar thing hikatha thahi kazipsang mihai.

Zingkum khamateli Solomonna Vareshim chi saka khavai

tuingashit sai. Ana Moriah kapungli shim chi sakada kashine zingkumli kupsanga. Hithada Israelnao bingna Egypt ngaleiwui eina shokta zingkum shamati hangchishat kakashung tharan Vareshim chi leiphoka. Chiwui eina ningkhami Oko kala kathara ot katonga chi Vareshimli kazip haowa.

Pangmon china ningkhami Oko chi Vareshimli khuikazang tharan Vareli tekmatei "Otramla mangathapai thuwa; kaja Prohowui tekhamateina shim chi pemhaowa" (1 Wungnao 8:11). Hithada Tabernaclewui atam chi kanda Templewui atam ngasa haowa.

Israelnao bingna morei sakahai saikora chi pheomiloda Solomonna khokharum atamli pochinga.

Naraona kala nawui Israelnao bingna shim hili ngareiungda kapo chi khanganamilu; nawui pam kazingli shakamida kapheomilu (1 Wungnao 8:30).

Vareshim chi kathada sakakha Varena ningyang ungra khala kaji Solomonna theiping haida awui prajawui morei bing chi pheomi phalunglo da poi. Seiha chi shamida Varena ngahankai,

Nana seiha sada kapo chi ina shahaira, kala nana sakakhui shim hi ina tharchikatmi haira, hi iwui sachingra, kala ina ningsanglak eina yangmichingra (1 Wungnao 9:3).

Hithada mi akhana Vareshimli wuklung ning tongda khorumlaga ning kathar eina kapo saikora chi Varena shamida ngahankami.

3. Phasa kala Manglawui Khokharum

Varena makhuisang khami khokharum ayur kaikha ithumna Bibleli samphanga. Chiya phasawui apong cina khokharum hiya Varena mamaya mana, kha mangla eina khokharum hina Vareli ningyang ungasaka.

Kahang makhanganawui vang eina Adam eina Eveli Eden Yamkui chiwui eina kashamshok haowa. Haokaphok chapter 4li awui nao khaniwui maramli kapihai. Khararapa china Cain kala khanganuipa china Abelna. Anina thui kharar atam tharan Vareli kachikat mi. Cainna lui vada "luili kashok atheiarai" chikata (Verse 3) Abelna yao homda "yaoshangwui anao phara khare kala asa-kaka yaonao" (Verse 4) khuilaga chikata. Hili Varena "Abelwui kachikat chi khuisangmi. Kha Cain eina awui kachikat makhuisangmi mana" (Verses 4-5).

Khiwui vang eina Cainwui kachikat chi makhuimi thukhala?

Hebrew 9:22li manglawui ain athishurda morei pheomi khavai ashee shok ngasak phalungrada kapihai. Hina maram sada Old Testamentli seiva kala yao katha hi kachikatna. Hithada New Testament liya Jesuna kachikatwui alungli ashee shokmida ithumwui morei pheomi.

Hebrew 11:4li hanga, "Abelna Cainli mathameida Vareli phakaphaya chikatkashap hi shitkasang manga einana. Shitkasang manga eina mi akha sada ana Varewui mayakhami chi samphanga, khikhala jila awui kachikat chi Varena khuisangmi. Abel thihaisa lala awui shitkasang otsak china aruila ithumli matuichingda lei." Apong kateili hangsa chikha Abelna Varewui kaphaning athishurda kachikat wui vang awui kachikat chi khuisang, kha Cainna Varewui kaphaning athishurda masathu mana.

Pangmonshi 10:1-2li Nadab eina Abihuwui maramli kapihai "makathara mei kaja chithada salu da makakaso ot chi sai." Chiwui athishurda meina chuiya "Kala Prohowui eina mei shokta anili chuitahaowa." I Samuel chapter 13 lila Samuelwui ot kasali hapkakhano mihaoda Varena awunga Saulli notha kahai maramli kapi hai. Philistineli rai sauki kaji atamli Samuel mazangla ana Vareli kachikat ot sai. Samuel khara tharan yaruina mamaya mada kasana da hanghaowa. Samuelna, "Na mangkhama ot sahaira, kala hi kasa eina Varena nali notha haira" da hanga.

Malachi 1:6-10li Vareli miran ot makhamiwui vang Varena Israelnao bingli kakaharwui maramli kapihai. Khangacha eina kasa hokharum chi Varena makhuimi marada hanga. Aruihon atamli hangsa chikha phasawui apongli khokharum hiya Varena makhuimi mara kajina.

John 4:23-24li mangla kala khamashung eina khokharum hi Varena khuimida somiya kajiwui maramli kapihai. Matthew 15:7-9 kala 23:13-18li khamashung eina makho kharum Pharisee kala ain kathem bingli Jesuna kakahar maram chi ithumna thei.

Varena semkahai chiwui athishurda ithumna khorum phalungra. Vareshi eina Vareshi makhaning bingwui khangatei chi hina. Athuma khalatawui theikakhui athishurda khokharumna. Mi akha mangna churchli kada Vareli khorum hi masakapaina. Manglawui apong eina khokharum kaji hiya mi saikorawui wuklung ning tongda chikatlaga kazingramli khaleiya Avavawui kaphaning phakhangarum hina. Hina maram sada mi akha langda kazipta kapo saikora chi Varena mira da ngashit kahaina. Khorum khangarum hi khamataiyana. Mi akha mangna churchli rada khokharum hiya aremana, Varena makhuimi paimana.

4. Phasa kala Kathara Kachikat

Mirinwui atazan hi Vareli tekmatei ngasak khavai vangna chikha atam kachivali khokharum hi khamataiyana. Monday eina haophokta Saturday eina tangda okthui phaphalaga Sunday thang mang churchli rakada khokharum hina khamashung khokharumwui kakhalat mashok ngasak mana. Atam kachivali khorum khavai ithumli hokhui kahaina.

Vareshi akhawui mirin hiya khokharumna. Hithada Church kaka hina khokharum mapung phangasaka. Kha hili langmeida kathar mirinli ringlaga Varewui tui chili kahang ngana phalungra.

Roman 12:1li hanga, "Chiwui vang eina ivanaongara, Varena ithumli tarakha lumashankhamiwui vang ina nathumli hi poli kaja nathum khalata Vareli ringchikat sada chikatlu, otram khangathali dharchikata ali ningyang ungngasaklu. Hi nana chikatkhangayiya khamashunga khokharum chilaka." Jesuna awui phasa chikatmida mi bingli kahui samphang khangasak thada ithumwui phasala chikat phalungra.

Mikna kathei Vareshim chimang maningla Mangla Katharana ithumli ngayin haokida phasa hi Vareshim ngasa kahaina (1 Corinthian 6:19-20). Chiwui vang eina kathar mirinli ringkhavai ithumna thangkachida tharchikat phalungra. Hithada ithumna atam kachivali Vareli ningkashi eina masot mitheikha ithumwui phasa hi kathara ringchikat ngasada Varena ningyang unga.

Vareli masamphang ranglaga I kazasai. Hithada I atam kasangkha kachihan maleila okthui. Zingkum shini kazada leimanla kachungkha zangda chamlak haowa. Kha sakhashida Vareli samkaphang eina ngacheichao haowa. Iwui kazat chi Ana raimida mirin kathar samphang haowa.

Awui lukhamashan manga eina khi khikhali langda ina Vareli leishishap haowa. Sunday zimiksho rahaikha ngathorthak thuida ravaikhuilaga sari sakhui chingra da ina ngashit haowa. Saturdayli sakhashi shichin kahai pheimoja chi Sundayli masangka mana. Hithada ina tharzari okthui.

Church kakali mathalak eina saphalungra kaji maningmana. Kachangkhat Vareshi akha hiya atam kachivali Vareli tekmatei khavai sachinga. Khamatha sari malei lala awui khalei chi tharzari shichina.

Ina pheisa samphang kachida Varewui vang khaishokta michinga. Khikha kasak leilala mashichinlak mana. Old Testamentwui atamli mi kachivana kachikat mi khavai khangaran sasera kaji ithumna thei. Hiwui maramli Varena Shongza 34:20li hanga, "Kala iwui mangali khipakha khamasai eina marapai mana."

Revivalwui eina tamkakhui athishurda ina teolala kala chunglala offering mi chinga. Ina kazada leilagawui leiman chi leilala offering khamiva mangasam mana. Offering hi mangla huikhui khavaina kala kazing wungram reisang khavaina chikha khiwui vang eina mamingai mara khala? Hithada Vareli ngavapta kharing manga eina chiyakha leikasa leiman chi runser haowa. Kala kakazanao, kachamnao kala maranao bingli yangsang kashapa mi akha sakhavai ina Vareli seiha saphaoka. Chi eina Varena churchwui yao kahoma akha sada mangla huikhui khavai ili hohaowa. Hithada ina khararnao masarang lakha mi kachungkhali kazat kharai samphang ngasakta Varewui pangshap chi kathei samphang haowa.

5. "Nali Christa Maleirang eina Tangda"

Nao ngarawui vang ava ava bingna chota ot salaga yangkasang thada mangla yangkasang lila kakhang kala kachikat eina ngasoda sai. Hiwui maramli pao kazata Paulna Galatian 4:19li hanga, "Inao ngara, Christawui khangacha chi nathumwuili maleiranglakha eina tangda avana naokharali kachot thada nathumwui vang ina chotluida lei."

Varena khi khikha liya mangla akha huikakhui hina sakmei kharda khuiya kaji theida inala mi bingli huikhami kala Jerusalemwui shongfali thanzat khavai ot sai. Ephesianli "Christawui kashungchao kahai chili kangaphan khavai ithum mapungkapha mi ngasaphalungra" (Ephesian 4:13) da hangkahai thada inala sapapama. Atam kachivali ina seiha sada message sema. Church member bingli ngaso kapam kachivali yao kahoma akha sada ina malung khanim eina khararchan sachinga.

Shitkasanga mi kachivali sangasak khangai maram khani lei. Khare chiya mi kachivana huikhami samphangda kazingram New Jerusalemli zangasak ngaiya. Kakhaneli mi kachivali kachama mirinli maokthui ngasakngai mana. Hithada revival sada mi kachungkha mataikasang eina lanla mataisang kala mi kachungkha lila kazat kharai samphang ngasaka.

Iwui vanga shitkasang bingna morei kasa hili rikhamei kala chot khamei maleimana. Hi shitkasanga bingna morei kasa tharan Jerusalemwui eina tathui haira kaji ina katheiwui vang eina kachot ngasai. Kaikhava huikhami masamphangla leikasawui vang morei sakapam ngasasai. Hithada shitkasanga bingna morei sahaira chikha ina chap ngacha pamda teokha kachot maning mana. Ina athumwui vang kakhum eina seiha sami chinga. Iwui seiha kasa hi Varena ngahanka mida mi kachungkhana huikhami samphanga kala ning khangateila samphanga. Hili langmeida Varena huikhamiwui khamong shomida okathuiwui mi bingna paokapha ngana khavai apongla samphang haowa. Hithada pastor akha sada mi bingna khamashung apongli rarsangda khalei chi theida ringpha khamei malei mana. Prohona nganam kapha anganam thada awui phasa chikat khami thada (Ephesian 5:2), inala kazing wungramwui vang mirin chikat khavai ngaranda lei.

Mother's day kala Father's dayli naongara bingna ava ava bingli khaya kashi tharan ava ava ngarana ringkapha hangkhavai maleimana. Athumwui khaya kashi chi makashung salala athumwui naongara bingna kachi theida ningyang unglaka. Hithada Varewui naongara bingna athumwui kashap eina khokharum tharan Varena ningyang ungda somi.

Shitkasanga mi akhana hapta akhali okthui phaphalaga Sunday mangla meeting rakara machipai mana. Luke 10:27li Jesuna hanga "Nawui Proho Vareli nawuklung tongda, mangla tongda, napangshap tongda kala naning tongda leishiphalungra; kala nawui khongnainaoli na khalatali leikashi thada leishiphalungra." Lairik hi kapa samkaphang mi kachivana mangla kala khamashung eina Vareli khorum kashap ngasa ranu.

Kapime
Dr. Jaerock Lee

Dr. Jaerock Lee hi 1943li Korea Republic Jeonnam province Muanli pharai. Zingkum 20 kakahai eina Dr. Leehi maraikapai kazat kazada kharingwui kachihan maleila kathili ngaraipamda leisai. 1974 wui sikachang zanguki kachi tamli ashachonna church akhali thanvalaga chili ngakhumsham seiha kasa eina kharinga Varena kazat katonga chi ngalangda raimiser haowa.

Hitamchangli otshok hiwui manga eina Dr. Lee kharinga Vareli samphang haowa, laga ana ning tongchaoda Vareli leikashi eina 1978li Awui rao akha sada khuihaowa. Varewui tui athishurda kahang ngana khavai kala Awui kaphaning chi tharlak eina theishing khuishap khavai ana thuklak eina seiha sapam chinga. 1982li Korea Seoul konungli ana Manmin Central Church semkai laga chiwui eina mashan kharar raikhamiwui otshotla zangda Varewui matakhak kahai ot tarakha church chili shokchinga.

1986li Dr. Leeli Koreawui Sungkyul Church Annual Assemblyli pastor akha sakhavai ordain sami, laga zingkum matiwui thi 1990 zingkumli awui sermonbing Australia, Russia, Philippines, kala langmeikharda Far East Broadcasting Company, Asia Broadcast Station, kala Washington Christian Radio Systemna broadcaste samiya.

Zingkum kathumwui thi 1993li Manmin Central Church hi "World's Top 50 Churches" li chankhavai Christian World magazine (US) na kapangsang haowa kala chiwui eina ahi Christian Faith College, Florida, USAli Divinity Honorary Doctorate tamkhui kala 1996 Kingsway Theological Seminary, Iowa, USAli Ministry wui Ph. D. tamkhui haowa.

1993 zingkumwui eina thuida Dr. Lee hi Tanzania, Argentina, L.A., Baltimore City, Hawaii, kala USA wui New York City, Uganda, Japan, Pakistan, Kenya, Philippines, Honduras, India, Russia, Germany, Peru, Congo Democratic Republic, Israel kala Estonia hibingli awui ministry sada crusade tarakha sazata. 2002li okathui apam kachivali ot sakazat wui vang ahi "worldwide pastor" na da Korea wui major Christian newspaper bingli phongmi haowa.

Awui pangshap khalei ministry chiwui manga eina 2002li okathuiwui revivalist akhana chida Koreawui News paperli phongmiser haowa. Matailak eina Madison Square Gardenli kasa "New York Crusade 2006" chiwui eina mina theiphok kahaina. Crusade kasa chili yurjat 220li broadcast sami, kala Jerusalem International Convention (ICC)li kasa awui 'Israel United Crusade 2009' chili Jesu Christahi Huikhame kala Messiah laka chida phonglak eina pao hashoka.

Awui sermon bing chi GCN TVli yurjat 176li chihomida 2009 kala 2010 'Top 10 Most Influential Christian Leaders' wui alungli zanghaowa. Kala ana okathui apam kachivali pastoring ministry khuikaka eina In Victory kaho Russian Christian magazineli awui maramli kachungkha kapi haowa.

2010 May kachangli Manmin Central Church hi member 120,000 langhaowa. Korea keinungli khalei church 56 zangda foreign ngaleili church 10,000 shikha lingka haira. Kala 23 ngalei chiwui alungli United States, Russia, Germany, Canada, Japan, China France, India, Kenya hibing hina. Aruirui 129 langda missionary chihoda lei.

Dr. Leehi lairik 85 kapi haira, chiwui alungli Mathiranglakha Katang Makhavai Mirin Khamazap, Iwui Mirin Iwui Shitkasang I & II, Krushwui Paokapha, Shitkasangwui Khantam (Measure), Kazingram I & II, Meifa kala Varewui pangshap hibing hi zangda 60 kahaira. Kala lairik bing hi tui 75li khalatshokta kapi kahaina.

Awui Vareshi column hi the Hankook Ilbo, the JoongAng Daily, The Dong-A Ilbo, The Munhuwa Ilbo, The Seoul Shinmun, The Kyunghyang Shinmun, The Hankyoreh Shinmun, The Korea Economic Daily, The Korea Herald, The Shisa News, kala The Christian Pressli zangserda lei.

Dr. Lee hi aruirui organization tarakhali missionary kathanna kala association bingwui kathanna sada lei: Chiya Chairman, The United Holiness Church of Jesus Christ; President, Manmin World Mission; Permanent President, The World Christianity Revival Mission Association; Founder, Manmin TV; Founder & Board Chairman, Global Christian Network (GCN); Founder & Board Chairman, World Christian Doctors Network (WCDN); kala Founder & Board Chairman, Manmin International Seminary (MIS) hibing hina.

www.ingramcontent.com/pod-product-compliance
Lightning Source LLC
LaVergne TN
LVHW021826060526
838201LV00058B/3530